좌충우돌 고려 사람 조선 적응기

조선의 문을 열어라

좌충우돌 고려 사람 조선 적응기

조선의 문을 열어라

손주현 글 · 이해정 그림

책과함께어린이

차례

작가의 말 … 6

등장인물 … 10

들어가는 이야기 … 12
**이 나라 임금이
왕씨가 아니라고?**

1장 … 22
**조랭이떡국과
개경 사람들**

2장 … 35
**새 나라의 새 도읍,
한양**

3장 … 52
**유교를 받들고
불교는 억누르고**

4장 … 65
**농사가
천하의 근본**

5장 … 78
**어둠의 경로가 좁아진 조선,
실력대로 관료 뽑기**

6장 … 92
**가벼워진 어깨,
두둑해진 농부들의 주머니**

7장 … 105
**엎드리고
구슬리는 외교**

8장 … 125
**찬물도
위아래가 있다나 뭐라나**

9장 … 143
**조선사람
전우치**

작가의 말

조선을 낯설게 보기

가끔 학생들을 대상으로 역사에 관한 투표가 열렸다는 소식을 듣습니다. '시대'나 '인물'의 선호도 조사 같은 것이지요. 그 결과는 대개 비슷한데, 좋아하는 시대로는 '조선 시대'를 꼽고, 좋아하는 인물로는 '세종'과 '정조' 등이 빠지지 않고 나옵니다. 문제는 좋아한다고 해서 아주 잘 안다고 여기는 경우가 있다는 것입니다. 조선 시대가 역사의 전부이고, 세종과 정조의 시대가 조선 시대의 대부분이라고 착각한다는 것이지요.

여기서 고민이 시작되었습니다. '어떻게 하면 다 알고 있다고 생각하기 쉬운 조선 시대를 제대로 알려 줄까?' 〈조선 시대 깊이 알기〉를 기획했던 저와 저희 팀은 뻔한 역사적 사실을 설명해 주기보다는 독자들이 책을 읽고 '왜 그랬을까? 정말 그랬을까?' 하는 궁금증을 심어 주고 질문하게끔 만드는 것이 그 답이라고 결론을 내렸습니다. 그래서 생각해 낸 것이 조선 시대의 가장 극적인 변화가 있었던 지점을 보여 주는 것이었습니다. 그중에 고려에서 조선으로 바뀐 시기, 법이 새로 세워진 시기, 두 번의 전쟁이 끝난 시기, 개화기를 꼽았습니다.

고려와 조선, 동시에 들여다보기

그중에서도 조선이라는 나라의 문을 열어젖힌 때는 남다른 의미가 있습니다. 나라를 세운 자들은 제일 먼저 앞으로 나라를 어떻게 운영할지를 정합니다. 예전 나라와 다르다는 것도 알려야 하고 관리들과 백성들이 어떻게 살아야 하는지 기준을 정해주어야 하기 때문입니다. 그래서 이 시기의 변화를 알면 조선이라는 나라가 무엇을 중요하게 생각했는지 알 수 있고, 나아가 이전의 고려라는 나라도 배울 수 있어 일거양득의 효과가 있지요.

어려울 것 같다고요? 우리의 주인공을 따라다니다 보면 자연스럽게 보고 듣고 결국 자기 이마를 치게 될 거예요. 고려 왕족 왕우치는 10년 만에 산에서 내려와 나라가 고려에서 조선으로 바뀌었다는 소식을 듣게 됩니다. 우치는 산속에서 할아버지에게 늘 들어 왔던 고려를 새로운 나라 조선과 하나하나 비교하며 그 차이를 극적으로 겪게 되지요. 우치는 조선 한가운데로 시간 이동을 하듯 뚝 떨어져 조선을 잘 모르는 오늘의 우리와 크게 다를 것이 없습니다. 그래서 우치가 조선에 적응하는 모습에 더 공감할 거예요. 우치는 조선이라는 나라를 애써 부정해 보지만 백성들이 새로운 나라 조선에서 잘

살고 있다는 것을 보고 느끼며 이미 역사는 앞으로 나아갔음을 느낍니다.

그런데 조선의 문이 열렸을 때는 갑자기 왕조만 바뀌었지 땅이건 사람이건 그대로였습니다. 사람 사는 방식은 하루아침에 딱 바뀌는 게 아니라 고려 시대의 풍습과 문화가 조선 초까지 그대로 남아있던 것이 많았습니다. 본 책에서는 개국 후 시간이 조금 흐른 후의 상황을 끌어다 쓴 적도 있고, 의복 제도처럼 고려가 문닫기 직전 이미 바뀐 것도 있어서 고려 말과 비교되는 조선 초기 전반적인 상황인 점을 기억해주었으면 합니다.

조선에서 고려로, 통일 신라로, 삼국으로…… 넓혀가며 보기

조선은 고려의 잘못된 점을 고치려 세워진 나라입니다. 조선도 수백 년의 시간이 흐르면 이런저런 문제점이 생기기도 하지요. 그러니 책을 읽고 고려는 무조건 나쁜 나라이고 조선은 무조건 좋은 나라라고 오해하지 않길 바랍니다. 그런 이유가 어쩌면 이 책을 읽은 보람이 될 수 있겠습니다. '조선이 고려와 이렇게 다르다면, 고려는 또 그 전의 신라와는 어떻게 다르고, 신라는 또 그 전과 어떤 게 다를까?' 하는 꼬리의 꼬리를 무는 질문이 가능해지니까요. 그렇게 조선에서 고려, 통일 신라, 삼국 시대 등 역사에 대한 관심을 더 넓혀갈 수 있다면 우리의 역사를 조금씩 다르게, 그래서 확실하면서도 재미있게 보는 것이 가능해지지 않을까 합니다.

손주현

등장인물

왕우치

거의 남지 않은 고려 왕족 중 하나. 산속으로 들어가야 목숨을 건질 수 있다는 점괘에 따라, 태어난 지 얼마 안 되어 할아버지와 함께 세상과 단절된 산속에서 살다 열세 살에 개경 땅으로 내려왔다. 기억력이 좋아서 나라가 바뀌고 달라진 점을 잘 알아챈다. 또 꾀도 많고 낙천적이라 쫓기는 상황이 되어서도 좌절하지 않고 문제를 잘 해결해 나간다.

우치보다 한 살 많은 집안 노비. 조선 조정의 눈을 피하면서 할아버지도 다시 만나야 하는 우치를 도와 힘든 여행을 함께한다. 개경에서 쭉 살아서 바뀐 현실을 잘 알고 있다. 상황에 빠르게 적응하고 사람들 틈에서 정보를 캐는 데 능숙해서 우치에게 여러모로 도움이 된다.

꼽살이

우치의 할아버지. 고려 왕족으로 손자를 위해 산속에 들어가 살다가 뒤늦게 개경으로 내려왔다. 왕조가 바뀌어 고려의 왕족인 왕씨들을 모두 귀양을 보낸다는 것을 모르고 내려왔다가 붙잡혀 우치와 헤어지게 되었다.

왕문생

민교리

임금의 일거수일투족을 기록하는 사관. 젊은 나이에 중요한 관직에 오른 촉망받는 관료다. 한양에 온 우치와 꼽살이를 잠시 맡아 주는데 이 둘을 자신의 업무에 써먹기도 한다. 관리들을 수사하는 기관인 사헌부의 강 대감을 스승으로 모시고 있어 가끔 비밀 업무를 맡기도 한다.

민 교리를 시샘하는 동료 관리, 고려 왕씨와 묵은 원한이 있어 왕씨를 쫓는 추왕단을 만들어 추적한다.

황정랑

🌿 들어가는 이야기

이 나라 임금이 왕씨가 아니라고?

계절에 맞지 않은 두꺼운 바지, 유행에 맞지 않은 긴 웃옷의 사내아이가 가게마다 기웃거리며 중얼거렸다.

"와, 나 왕우치 소원 이뤘다! 말로만 듣던 개경 시장을 구경하다니."

개경 시장이 예전만 하지 않다는 소리가 여기저기서 들렸지만 우치는 처음 보는 휘황찬란한 물건들에 입이 다물어지지 않았다. 예전에는 대체 어느 정도였는지 가늠이 되지 않았다.

우치는 가게 주인과 눈이라도 마주칠라치면 끝도 없이 질문을 퍼부어 댔다. 막 말하기 시작한 아이도 이보다는 덜할 것이다.

"이게 비단이에요? 색깔이 왜 이래요? 두께가 다 다르네요? 감촉도 다 른가요?"

"부드럽지? 명나라에서 몰래 들여왔단다."

과일 가게에서는 더했다.

"이게 수박이란 과일이라고요? 호박이랑 비슷하네요? 산에서 호박은 봤는데 수박은 못 봤는데?"

"대국이 원나라였던 시절에 씨를 들여왔지. 저 산골 밭에서 심어 키우느라 얼마나 고생했는지 모른다. 이 시장 통틀어 우리 가게밖에 없다고."

우치가 고개를 들며 작게 소리쳤다.

"화들짝!"

"뭐라고?"

가게 주인이 놀라며 물었다. 우치는 고개를 가로저으며 옆 가게로 눈길을 돌리며 중얼거렸다.

"아니에요. 절레절레. 저건 또 뭐냐? 후다닥!"

"뭐야? 혼잣말을 참 우습게 하는 녀석일세."

우치는 깊은 산골에서 이제 막 내려왔다. 할아버지 말고는 이야기할 사람이 없어서 심심하고 지루한 날들이 거의 12년이나 계속되었고, 열세 살이 막 된 1월 1일 산골 생활을 청산했다. 혼자 지낸 산속 생활은 어린 소년에게 이상한 버릇을 남겼다. 바로 혼잣말. 그것도 대화뿐 아니라 자기 행동도 말로 하는 버릇이었다.

"멈칫! 엉, 이건 뭐지?"

"응, 그건 백 년을 산 노루의 뿔이란다."

우치는 호기심에 노루의 뿔을 향해 손부터 뻗었다. 그때였다. 멀리서 우렁찬 목소리가 들렸다.

"왕, 우, 치! 왕우치, 왕우치!"

"저놈 잡아라! 왕씨의 후손이다. 잡아라!"

저 멀리 까만 옷의 관졸들이 작은 방망이를 휘두르며 달려오는 게 보였다.

우치는 입에 물고 있던 엿을 뱉어 소매 안에 넣고는 뛰기 시작했다.

쫓는 자는 움직이는 것을 우선 쫓는 법이다. 관졸들은 바로 도망치는 우치를 쫓기 시작했다.

"우다다다!"

"저놈 잡아라! 저놈이다!"

산을 건너다니며 토끼를 쫓던 우치다. 시장을 서너 바퀴 돌고 또 돌았다. 얼마나 지났을까? 더는 쫓는 사람들이 보이지 않았다. 작은 골목길에서 주위를 둘러보고 아무도 없자 숨을 골랐다. 벽에 막 기대려는데 뒤에서 손이 쑥 나오더니 우치를 잡아당겼다.

"화들짝. 심장이 벌렁벌렁. 너 뭐야?"

"쉿! 왕우치 맞아요?"

"맞아."

"도련님, 저 꼽살이예요. 도련님네 노비."

우치가 고개를 갸웃댔다.

"우리 집에 내 또래 노비가 있었나?"

"도련님은 태어나자마자 산에 갔으니 모르죠."

"그렇구나. 몇 살인데?"

"도련님보다 한 살 많은 열네 살이지요."

어느 시대든 사람 사는 세상에서는 아무리 나이가 많아도 노비에게 반말을 한다. 우치는 꼽살이 주위를 빙빙 돌며 위아래로 살폈다. 그러곤 어색한 듯 반말을 했다.

"여, 열네 살인데 스물네 살 같아…요, 아니 같아."

"아이고, 도련님네 밥 거저먹은 거 아니니까 걱정 붙들어 매셔요. 어쨌거나 빨리 집으로 가야 합니다요. 주인 나리가 빨리 모셔 오래요."

주인 나리란 산에서 같이 살다 내려온 우치의 할아버지를 말한다. 오래전 할아버지는 하나 남은 후손을 지키겠다며 우치가 태어나자마자 산으로 데려가 꼭꼭 숨겼다. 그 이유는 우치가 속세에 있으면 큰 병에 걸려 죽을 수 있다는 점괘 때문이었다. 우치의 어머니 역시 우치를 낳다가 세상을 떠났고, 점이 맞았는지 우연인지 몰라도 우치가 떠난 후 전염병이 돌아 우치의 아버지마저 목숨을 잃었다. 우치는 세상에 태어나 할아버지만 보고 자랐고 그래서 더 애틋했다.

"벌써 집으로 가셨어?"

"도련님이 눈 깜짝할 새 사라져서 한참을 찾으셨대요. 찾다가 너무 힘들어서 먼저 오셨더라고요. 저보고 찾아오라는데 얼굴을 알 길이 있나요. 나도 모르게 '왕! 우! 치!' 하고 외쳤다가 관졸들한테 잡힐 뻔했어요."

"그랬구나. 근데 왕우치라고 했다고 잡힌다고? 개경에서는 이름만 외쳐도 잡혀가는 거야?"

꼽살이가 말을 하려다 한숨을 푹 쉬었다. 설명을 듣자 하니 고새 나라가 바뀌었단다. 왕씨의 고려에서 이씨의 조선으로. 조선의 왕 이성계가 왕씨들은 모두 잡아들이라고 했다. 다시 고려를 세우기 위해 반란을 일으킬지 모른다는 이유에서다. 꼽살이가 새삼스럽게 목소리를 낮추며 말했다.

"지금 모두 잡혀가고 개경에 남은 왕씨는 주인 나리와 도련님이 전부일

겁니다."

"그런데 장터 한가운데서 왕우치라고 불렀단 말이야?"

"그럼 어떡해요. 빨리 찾지 못하면 도련님이 스스로 왕우치라고 하고 다닐지도 모르는데. 차라리 내가 붙잡히는 게 낫지."

우치는 설명을 듣고도 뭐가 뭔지 이해가 잘 되지 않았다. 할아버지는 산속에 살 때 우리가 늘 고려 왕족인 왕씨라는 것을 잊지 말라고 하셨다. 열두 살을 무사히 넘기면 산속의 험한 생활은 잊고 귀족으로 떵떵거리고 살 거라고 했는데, 장담했던 것과 달리 쫓기는 신세가 되었다.

길 건너 벽에 낡은 종이가 펄럭이는 것이 보였다. 널리 알리기 위해 벽에 붙여 놓은 글인 방문이었다. 왕씨를 귀양 보낸다는 내용이었다.

밭을 손질하는 사람은 반드시 풀을 뽑고, 집을 짓는 사람은 반드시 터를 다지니, 국가를 다스리는 사람도 마땅히 문제를 미리 막아 나라의 기틀을 영원히 전해야 될 것이다. 지난번에 고려 왕조의 후손을 강화와 거제에 나누어 보냈다. 그러나 아직도 시골에 뒤섞여 사는 사람이 있으니, 만일에 무뢰배 가운데 왕씨인 것을 구실로 삼아 난리를 일으키는 사람이 있게 된다면 큰 문제가 될 것이다. 왕씨는 모두 강화와 거제에 두어서 미리 대비하도록 한다.

- 조선 임금 이성계

"헐레벌떡. 가자!"

"어디로요?"

"집으로. 사라졌다고 혼나면 어쩌지? 덜덜덜."

"아니 왜 그러세요? 헐레벌떡? 덜덜덜?"

우치는 대답하지 않고 빨리 앞장서라며 꼽살이를 밀었다. 둘은 큰 십자 길에서 궁성 쪽으로 가다 한적하고 큰 기와집들이 모여 있는 길로 꺾었다. 큰 길 끝에 이르자 대문이 커다란 집이 나왔다. 문이 활짝 열려 있었다. 집안일 하는 사람들이 마당에 주저앉아 울고 있었다. 여기저기 옷이 뜯긴 사람도 있었다. 꼽살이가 달려가 한 여인을 부축했다.

"어매! 아니 이게 무슨 일이래요?"

"주인 나리가 돌아오셨다는 소리를 어디서 들었는지 관졸들이 들이닥쳤단다. 주인 나리를 마구 끌고 가기에 막아섰다가 이렇게 두들겨 맞았다. 어쩌냐? 아이고, 주인 나리!"

노비들이 훌쩍이는 소리가 여기저기서 나왔다. 우치는 금방이라도 쓰러질 것처럼 하얘진 얼굴로 입만 뻐끔거렸다.

"할아버지가, 할아버지가 잡혀가셨다니……."

꼽살이가 중얼대는 우치를 끌고 마당 끝 작은 방으로 데려갔다.

"진정하세요, 도련님. 일단 앞뒤 상황을 알아보고 올게요. 잠시만요."

마당에서 쓰러진 물건을 세우고 정리하는 소리가 들렸다. 얼마나 지났을까? 한 남자가 부르는 소리에 꼽살이가 나갔다가 들어왔다. 잠시 후 힘겹게 입을 뗐다.

"잡혀간 왕씨 중 풀려난 사람은 한 명도 없답니다."

"그럼 어떻게 되는데?"

"남쪽 먼 섬으로 유배 보낸다고 하네요. 그런데 말만 그렇지 사실 그 전에 죽일 수도 있대요. 지난번 왕씨들을 태운 배가 섬으로 가다 침몰했거든요."

그 소리에 우치가 갑자기 일어섰다.

"벌떡."

"왜, 왜요?"

"가자. 가서 할아버지를 구하자."

"무슨 소리예요. 관아 옥을 부술 수도 없고 무슨 수로 구해요."

우치는 앞뒤 안 가리고 관아를 찾아 내달렸다. 관아에 도착하자 꼽살이를 내세웠다. 할아버지 손자라고 밝힐 수 없어서다. 꼽살이가 옥지기에게 사정했다.

"마지막으로 한 번만 보게 해 주세요. 주인 나리께 은혜를 입어 꼭 인사를 드리고 싶어 그럽니다. 제발요."

"글쎄 안 된다면 안 돼. 다른 사건도 아니고 왕씨 사건이야. 높으신 분도 맘대로 못한다고."

옥지기의 단호한 거절에 우치는 눈물이 터져 나왔다. 마침 울고 싶던 차라 잘됐다 싶었다. 한참을 울고 있는데 뒤에서 누가 톡톡 쳤다. 관졸 옷을 입고 있는 남자였다.

"네가 우치냐?"

"예. 훌쩍훌쩍, 궁금."

"울음소리가 옥 안까지 들리는구나. 뭐라고 쓴 것 같은데 확인도 안 하고 전해도 되는지 모르겠다. 내가 글을 알아야 말이지. 아무튼 이거 받아라."

관졸이 손바닥만 한 천 한 장을 주고 사라졌다. 우치는 얼른 일어나 사람들이 없는 곳에서 천을 들여다보았다. 옷자락을 찢어 숯으로 쓴 편지였다.

우치 보아라. 나는 괜찮다. 걱정 말고 잘 지내도록 해라. 금방 다시 만날 것이니 성급하게 굴지 말고. 고려 관복을 입은 사람을 만나면 도와줄 것이다.

- 할아버지가

우치는 편지를 보고 눈물 한 방울을 떨구었다. 꼽살이가 물었다.
"뭐라고 쓰여 있어요?"

"걱정 말라고. 그리고 고려 관복 입은 사람을 찾으래."

"아직도 고려 관복을 입는 사람이 있을까요?"

우치는 답 대신 괜히 천 조각을 잡아당기기도 하고 뒤집어보기도 하며 한숨을 쉬었다. 한참을 앉아 있다가 그만 집에 가기로 하고 몸을 곧추세웠다. 그 틈에 벽에 붙어있던 방문 종이가 우치의 발등으로 떨어졌다.

왕은 이르노라. 신하들이 한사코 "나라를 다스리는 것은 반드시 덕이 있는 사람에게 돌아가야 하고, 왕위는 오랫동안 비워 둘 수가 없습니다. 공으로 보나 덕으로 보나 공께서 마땅히 자리에 오르셔야 합니다. 부디 왕위에 올라 백성의 뜻을 안정되게 하소서." 하였다. 나는 덕이 부족해 몇 번을 사양했으나 여러 사람이 하늘의 뜻을 거스를 수 없다며 이를 고집하므로, 여러 사람의 재촉에 굽혀 따라, 마지못하여 왕위에 오르노라. 나라 이름은 그전대로 고려라 하고, 해 오던 법도나 규칙은 한결같이 고려 때부터 해 온 대로 따르게 한다.

— 1392년 새 임금 알림

고려 왕이 무능해서 이미 나라가 엉망이 되었고 그래서 어쩔 수 없이 이성계가 대신 왕이 되었다는 것을 백성들에게 발표한 알림글이었다. 우치는 낡은 종이를 뜯어 뚫어져라 쳐다보았다.

'고려라고 한다더니 조선으로 바꾸고 고려 때 해 온 대로 한다더니 다 뒤집어 버렸네, 훌쩍.'

1장
조랭이떡국과 개경 사람들

우치와 꼽살이는 고려 관복을 입은 사람을 찾아 돌아다녔다. 관아 근처를 맴돌 때면 꼽살이를 보내 할아버지가 잘 지내는지 알아 오도록 했다. 명색이 왕족이라 그런지 대접이 아주 나쁘진 않았다. 우치는 안도하는 한편, 염탐하고 정보를 모으는 꼽살이의 능력에 감탄했다.

며칠째 돌아다니다 지칠 때쯤이었다. 우치가 대장간 앞에 서서 고민에 잠겨 있는데 꼽살이가 툭 치며 물었다.

"무슨 생각하세요?"

"나 저 칼을 사서 변발을 할까 봐. 할아버지 젊은 시절의 초상화를 본 적이 있는데 뒷부분만 남겨 땋고 나머지는 시원하게 밀어버린 변발이었어. 옛날엔 원나라 부마로 갔던 임금이 고려로 돌아올 때 변발하고 나타나서 고려 남자 귀족들 사이에서 변발이 유행했다더라? 나도 두상이 예뻐서 잘 어울릴 것 같아."

"변발이요? 원나라 간섭을 받던 시절, 원나라에 아첨하려는 작자들이나 변발을 하고 멋쟁이나 되는 양 허세를 부린거래요. 지금 그렇게 하면 오랑캐들이나 하는 짓이라고 손가락질해요."

"나도 알아. 시장 상인이 그러는데 고려가 망하기 6년 전에 관복이 바뀌었대. 원나라에서 명나라로 바뀐 대국에 정몽주 나리를 보내서 명나라 옷 형식을 받아왔다고 하더라고. 원나라 풍속은 사라진 거지. 그러니까 내가 변발을 한다는 거야. 틀에 박힌 조선 사람들 머리나 복장이 너무 숨 막힌다고."

꼽살이는 우치를 만난 이후 엉뚱한 짓과 말을 할 때마다 말리느라 지쳤다. 한숨을 푹 쉬고 돌아서는데 우치가 툭툭 치며 어떤 남자를 가리켰다.

"알나리깔나리, 두건도 안 쓰고. 죄수가 탈옥했나? 옷은 또 왜 이리 짧아? 옷감이 부족했나?"

너무 웃긴다며 배꼽을 잡고 웃었다. 안 들리게 혼자 중얼거린다는 게 소리가 컸는지 상대가 듣고 말았다. 남자가 얼굴이 빨개져서 쫓아왔다. 우치가 놀라서 재빨리 도망쳤다. 꼽살이는 우치를 따라가느라 혼이 쏙 빠졌다. 시장 전체를 두세 바퀴 돌고 겨우 남자에게 벗어날 수 있었다. 꼽살이가 화를 냈다.

"아니 두건을 쓰지 않은 게 무슨 문제라고 놀리세요. 나라가 바뀌었다고요. 이제 두건 안 쓰는 사람들이 많아졌어요. 저기 봐요, 저기도, 저기도."

"어? 그러네? 왜 눈치 못 챘지? 그럼 웃옷이 짧아지고 바지 중간을 안 묶는 것도 새로 생긴 유행이야? 난 산속에서도 할아버지가 최신 유행이라고 알려 주셔서 고려 옷을 열심히 입었는데 최신이 아니라 구닥다리였군."

꼽살이는 우치의 푸념을 대충 흘려 듣고 돌아섰다. 다시 몇 걸음을 가는데 옆에서 큰소리가 들렸다. 둘은 구경하려고 말을 멈추었다. 관리로 보이는 남자를 다른 관리가 막아서며 화를 내고 있었다.

"제발 이제 조선의 관복을 입으시라니까요. 바뀐 지가 얼마나 오래됐는데 아직도 고려 관복입니까?"

"딱 한 벌뿐인 관복을 글쎄 도둑맞았지 뭔가. 빨랫줄에 걸린 걸 누가 홀랑 걷어 갔어. 속옷을 입고 나올 수도 없고 어쩔 수 없이 고려 때 입던 관복을 걸쳤다네. 오늘 하루만 봐주게. 내일은 무슨 수를 써서라도 구해 입음세."

고려 관복이란 소리에 우치가 놀라 눈이 커졌다. 꼽살이도 듣고 속삭였다.

"고려 관복이래요. 주인 나리가 만나라는 분이 저 사람일까요?"

우치는 대답하지 않고 더 지켜보았다. 다투는 두 관리의 옷차림이 달랐다. 야단치는 관리는 둥근 깃 모양의 긴 단령을 입고, 축 처진 잠자리 날개 같은 것이 달린 계단 모양의 검은 관모를 쓰고 있었다. 야단맞는 관리는 둥근 테가 달린 둥그런 몽골 모자 같은 것을 쓰고 목 주변도 둥근 깃이 아니라 반듯했다. 옷이 어깨에서 겨드랑이로 여며져 있었다.

"그래도 정해진 관복이 있는데 그것을 무시하고 입고 싶은 대로 입으면 됩니까?"

"내가 품계가 낮아 어린 자네에게 이런 훈계를 듣네마는 이래 봬도 권문세족 출신이네. 토지 정리를 할 때 나라에 땅을 뺏기지만 않았다면 엄청난 자산가에 권력가일 테지. 자네는 기껏해야 기반도 없는 신진 사대부 출신 아닌가."

고려 관복의 관리가 가슴을 내밀며 뒷짐을 졌다. 우치는 두 사람 말을 엿듣다 고개를 갸웃댔다.

"권문세족 출신이라고? 그런데 품계가 낮아? 보아하니 나이도 많은데?"

"어이구, 무슨 사정이 있겠죠. 주인 나리를 돕는 것만 봐도 특별한 사정이 있는 게 틀림없어요.

"그래도 권문세족 출신이라잖아. 할아버지가 그랬어. 권문세족은 고려를 좌지우지하는 엄청난 권력을 가진 사람들이라고. 본인의 능력보다는 이름난 집안 덕분에 높은 지위에 오른 사람이지. 신진 사대부는 땅이나 집안의 권력 같은 기반도 없이 학문을 잘해서 능력으로 겨우 관직을 맡은 사람들이고."

"이제는 사정이 달라졌대요. 제가 예전에 주인 나리의 친척들이 다 잡혀

가기에 이유를 알아봤거든요. 조선을 세운 사람들이 신진 사대부들이래요. 조선을 세우는데 고려의 권문세족이 걸림돌이 되니까 그들의 힘을 다 빼앗았고요. 높은 관직, 드넓은 땅, 전부요. 이제 기세등등했던 권문세족의 권세는 옛말이 되었다고요."

우치는 한숨이 나왔다. 할아버지가 열두 살을 무사히 넘기고 개경에 내려가면 왕족이라 엄청난 땅도 있고, 관직도 쉽게 오른다고 했는데 다 틀렸구나 싶었다.

"하긴 관직은 고사하고 당장 잡혀 죽게 생겼는데……."

고려 관복을 입은 관리가 관아에 들어가는 것을 포기하고 시장으로 향하는 것이 보였다. 우치가 발걸음을 떼었다.

"저 사람을 따라가 보자. 할아버지가 말한 사람이 맞다면 내가 눈앞에서 알짱거리는 걸 보고 먼저 아는 척을 하겠지."

관리가 도착한 곳은 국밥집이었다. 관리는 안으로 들어가더니 자리를 잡고 주인을 불렀다. 주문하는 것 같은데 이상하게 국밥집 주인의 귀에 대고 속삭였다. 잠시 후 주인이 큰 그릇에 담긴 음식을 내놓으며 작게 말했다.

"조랭이떡국이요!"

이때다 싶어 우치가 다가가 건너편에 앉으며 활짝 웃어보였다.

"혹시 왕……."

관리가 놀라 주변을 살펴보고는 우치를 끌어 앉히며 말했다.

"네가 우치구나."

할아버지가 말한 사람이 맞았다. 주인을 부르더니 조랭이떡국 두 그릇 더 가져오라고 시켰다. 떡국이 한꺼번에 끓여져 있었는지 두 그릇이 금방 나왔다. 한 그릇은 관리 그릇 앞에 놓고 꼽살이 몫은 상 아래에 내려놓았다.

신기한 것이 보이면 다급한 것도 잊고 질문부터 하는 우치다. 우치는 눈사람 모양의 떡으로 끓인 떡국을 보고 물었다.

"이 떡국을 왜 조랭이떡국이라고 해요?"

"이 떡을 만들던 사람이 갑자기 이성계 생각이 나서 '이성계 이놈!' 하며 가운데를 목 조르듯 눌러서 이런 모양이 나왔다고 하더구나. 목을 졸라서 조랭이인지 정확지는 않다만……."

관리는 다시 주위를 둘러보며 눈치를 보고는 목소리를 낮춰 설명했다. 개경 사람들은 고려의 지배층이었던 권문세족과 거기에 빌붙어 사는 사람들이 대부분이라 이성계를 극도로 싫어한다는 설명을 덧붙였다. 땅을 다 뺏긴 데다 예전의 권력은 먼지처럼 날아갔으니 그럴 수밖에. 그래서 이를 바득바득 갈며 떡에 미운 마음을 담아 표현한 것이란다. 하지만 이런 감정을 공공연하게 밝히면 잡혀 들어가니 조심하라는 말도 잊지 않았다.

우치는 그렇게 조선이 싫은데 왜 관리 일을 하냐고 묻고 싶었지만, 꾹 참았다. 사실 참았다기보다 일단 먹기 시작하자 정신이 쏙 빠졌다. 꼽살이가 주변을 살피느라 돌아본 사이 우치는 몰래 자신의 얼마 안 남은 그릇과 상 아래 놓아둔 꼽살이 그릇을 바꾸었다. 꼽살이는 눈치를 못 채고 관리에게 궁금한 것을 물었다.

"나라가 바뀌었는데 고려 관복을 입고 다녀도 되나요?"

"나라가 바뀌었다고 단칼에 모든 게 끝난 건 아니잖니. 옷이 정 없으면 고

려 때 입던 걸 꺼내 입을 수도 있는 거지. 저기 지나가는 사람 봐라. 사대부들은 확실히 정해진 대로 입고 다니지만, 농민이나 장사꾼들은 아직 웃옷이 길고, 머리에 두건을 쓰고 다니는 자도 있지. 어쩌다 한두 번 꺼내 입고 나와도 다들 크게 신경 쓰지 않더구나."

"그래도 먹는 건 많이 바뀌었네요? 떡국 대신 조랭이떡국을 먹는 것만 봐도요. 그럼 예전 떡국이 그리우시겠어요?"

"예전에 먹던 떡국? 그렇지. 원래 떡국은 우리같은 권세가들만 먹을 수 있었단다. 떡국을 만들려면 쌀이 필요한데 가난한 백성들은 쌀을 얻기 힘들었으니까. 그런데 나라가 바뀌니 아무나 떡국을 먹게 되었어."

말이 이상했다. 우치가 입 안 가득 떡국을 물고는 해맑게 물었다.

"갸웃갸웃. 권세가만 먹을 수 있는 떡국을 아무나 먹을 수 있게 되어서 억울하시다고요?"

관리는 할 말이 없는지 갑자기 주위를 둘러보고는 목소리를 확 낮추었다.

"말이 그렇다 이거지. 그나저나 다 먹었으면 이걸 받아라."

뭔가 꼼지락거리고는 상 밑으로 작은 꾸러미를 쓱 밀었다. 만날 것을 대비했는지 커다란 소매에서 나온 것이었다. 관리가 소리 죽여 말했다.

"이거면 당분간 지내기는 충분할 게다. 당장 한양으로 떠나라. 그곳의 경복궁 안 예문춘추관에 가서 민 교리를 찾아라. 내 편지를 보여 주면 크게 반기지는 않아도 먹여 주고 재워 주기는 할 게다. 네가 누군지는 밝히지 말고."

우치는 한양이 어디냐고 물었다. 산속에서 할아버지에게 기본적인 학문과 지식을 배웠다. 그래서 고장 이름은 다 안다고 생각했는데 한양은 처음이

었다. 관리가 답했다.

"한양은 조선의 새 도읍지다. 예전에 남경이라고 불렸던 곳이지. 신진 사대부들에게 개경은 고려 왕씨들의 터라 버티기 힘들었겠지. 그곳에 궁궐과 관아를 새로 지었다. 임금을 따라 관리들도 모두 옮겨갔어. 어젯밤 내가 어르신을 찾아뵀는데 네가 한양에서 지냈으면 하시더구나."

"저희 할아버지가요? 왜 조용한 시골이 아니라 도읍에 가 있으라고 하셨을까요?"

"개경은 현상금을 노리고 왕씨들을 잡으러 다니는 자들이 많으니까. 그리고 너를 평생 시골에서만 지내게 할 수는 없다고 하셨고. 무슨 일을 도모하든 보고

듣는 게 많은 도읍이 낫지. 참, 이름부터 바꿔야 한다. 숨어
도망 다니는 왕씨들은 모두 성을 바꿨단다.

왕(王)자에 갓을 덮어서 전(全)씨라고 하든지 점을 찍어서 옥(玉)씨 라고 하든지."

"하긴 누구든 제일 먼저 이름부터 물으니……. 그럼 저는 전씨로 할래요. 전우치."

관리는 알았다며 빨리 가라고 재촉했다. 둘은 인사도 제대로 못 하고 집으로 달렸다. 짐을 꾸려 한양으로 출발하기 위해서다. 그런데 집 앞에서 검은 옷을 입은 한 남자가 안을 엿보고 있었다. 분위기가 이상했다. 할아버지가 혼자 내려오지 않았다는 걸 알고 우치까지 잡으러 온 게 틀림없었다.

꼽살이만 뒷문으로 들어가 짐을 챙겨 나왔다. 둘은 얼른 거리로 나와 북적이는 사람들 틈에 몸을 숨겼다. 검은 옷은 다행히 보이지 않았다. 개경을 빠져나가기 위해 도성 문을 향해 걸을 때였다. 도중에 우치가 큰 결심을 한 듯 말했다.

"이 시국에 나는 하는 일도 없이 쫓겨 다니지만은 않겠어."

"안 잡히고 살아남는 것이 얼마나 중요한데요."

"내가 이렇게 살아남은 것도 다 할아버지 덕이야. 할아버지는 나를 다시 만나면 어떻게 지냈는지 궁금해하실 거야. 특히나 내가 뭘 보고 느꼈는지 궁금해하시겠지. 만나면 보여 드리기 위해 기록을 남겨야겠어."

꼽살이는 또 무슨 설레발인가 싶어 비웃으려다 우치의 눈빛을 보고 입을 닫았다. 할아버지를 떠올리면 눈빛이 달라지는 것을 보고 이번엔 어쩐지 믿음이 갔다.

◆ 우치가 알아낸 정보

고려와 조선, 이렇게 변했더라고요

할아버지,
잘 지내시는지요?
할아버지와 헤어져
저는 한양으로 가고
있습니다.

할아버지를 다시 만날 날을 기다리며
제가 새로 알게 된 것들을 정리해 볼까 합니다.
들숨에 관찰하고 날숨에 깨우치라는 말씀에
따를 겸, 새로 세워진 나라에 대해
알려 드릴 겸 말이지요.

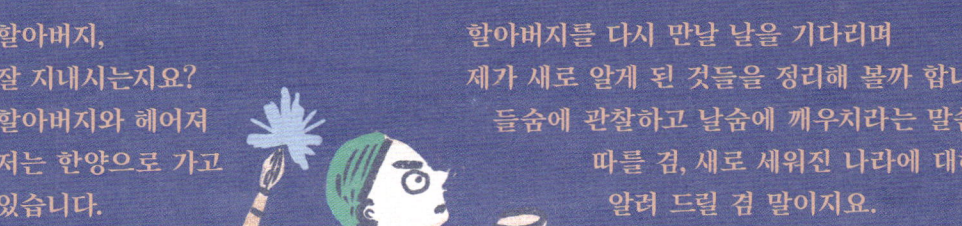

고려 후기에 이르자
권문세족이 힘을 키우며
나라를 좌지우지 했어요.

아~ 내 땅은 언제 일궈 보나

이들은 원나라를 등에 업은 채
높은 관직과 드넓은 땅을 차지했어요.

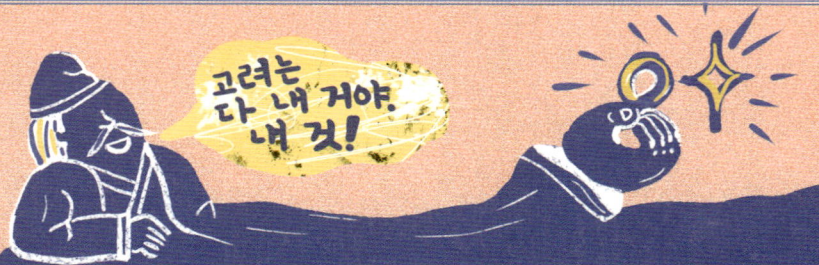

권문세족은 드넓은 땅에서 농장을 경영하며 엄청난 부를 누리고 있었어요. 농장을 제대로 운영하려면 일손이 필요하니 백성들을 노비로 만들어 부리기도 했고, 백성들의 땅을 강제로 빼앗기까지 했어요.

사대부들이 이것을 문제 삼아 들고일어났어요.

신진 사대부들은 고려의 문제점을 뜯어고치는 것을 최우선 목표로 삼고 그 대표로 이성계를 내세웠어요.

이성계와 신진 사대부들은 권문세족의 땅과 권력을 모두 빼앗고 결국 새로운 나라를 세웠어요.

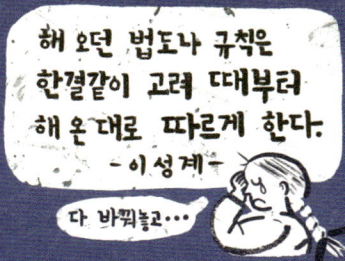

참 관복은 고려 말에 정몽주 선생이 명나라에 다녀와 명나라 관복처럼 바꾸자고 건의한 후 그대로 따라 바꾸어서 조선에서도 그렇게 입나 봐요. 그게 조선이 세워지기 불과 몇 년 전의 일이니까 할아버지는 잘 모르시겠지요.

처음에는 나라 이름만 바꾸고 고려의 모든 것을 그대로 따른다고 했지만 대부분 바뀔 것 같아요.

이제 입고 먹고 자는 일이 고려 때와는 많이 달라지고 있어요.
다시 만나면 자세히 설명해 드릴게요.

2장
새 나라의 새 도읍, 한양

"저기가 새로운 도읍지 한양인가 봐."

우치가 아래를 가리키며 말했다. 발아래 한양의 모습이 펼쳐져 있었다. 우치는 산꼭대기를 넘나들어서인지 위에서 전체를 내려다보아야 마음이 편해졌다. 일단 한양 전체 모습을 보기 위해 산 위에 오른 것이다. 위에서 내려다본 한양의 모습은 전체가 하나의 공사장 같았다. 여기저기 새로운 건물을 짓고 새로운 길을 내느라 어지러웠다. 지쳐서 널브러져 있는 꼽살이를 보며 우치가 말했다.

"일어나. 새로 사 입은 옷 더러워질라. 오면서 들으니까 이곳에 도읍을 정한 이유는 사방이 산으로 둘러싸서 외적이 쉽게 쳐들어오지 못하고, 논밭이 많아 풍요로워서래."

"으이그, 하나만 듣고 둘은 못 들었네요. 저기 저 큰 강이 한강이래요. 나라 한 가운데에 있어 전국 어디서든 거둔 세를 배로 실어 오기 좋대요. 게다가 사방에서 모이기도, 사방으로 나가기도 좋아서 한강 때문에 도읍을 한양으로 정했대요, 헉헉."

"숨차다면서 길게도 얘기하네. 그 소리는 또 언제 들었대?"

"도련님은 산속에 살아서 모르겠지만 정도전 대감 하면 조선 땅에서는 시골 강아지도 다 안다고요. 임금은 이성계지만 조선을 어떻게 다스릴지 하는 방법을 짜내는 것은 전부 정도전 대감의 머리에서 나왔대요. 조선이 어떻게 굴러가고 백성들은 어떻게 사는지 하는 규칙에 대해서 책을 쓰고, 한양으로 도읍을 옮기고 궁궐을 짓고 이름 붙이고, 군사 제도를 새로 짜는 것 등등 중요한 일을 대부분 정도전 대감이 했다고 해요."

꼽살이가 잘난 척을 한껏 했다. 산속이 아니라 개경 한복판에 살아서인지 세상 돌아가는 것에 우치보다 나았다. 우치는 무시당하기 싫어 한마디 했다.

"조선의 뼈대를 세운 사람이란 소리를 언뜻 들은 것 같아. 아니, 그 양반은 하루가 남의 일 년쯤 되나? 언제 그 많은 일을 다 했대?"

"그러니까요. 누가 그러더라고요. 새로 생긴 게 있어 물으면 반은 정도전이란 이름이 나온다고."

꼽살이는 씩 웃으며 정수리를 긁었다. 우치가 가슴께에서 뭔가를 꺼냈다.

"방문이야. 아까 오다 뜯어 놨는데 여기도 정도전 이름이 나오는 것 같아. 어디 보자……."

우치는 오래돼서 뜯어지고 펄럭이는 방문들을 주로 뜯어 모았다. 아무래도 나라가 바뀌면서 이것저것 공포한 것들이기 때문에 조선에 대해 알아 가는 데 도움이 되었다. 우치는 방문을 다시 자세히 보았다.

알 림

4대문은 유교의 인, 의, 예, 지, 신 이념에 따라 정동쪽의 문은 흥인문(興仁門), 정서쪽의 문은 돈의문(敦義門), 정남쪽의 문은 숭례문(崇禮門), 정북쪽의 문은 숙청문(肅淸門) 혹은 소지문(昭智門)으로 부르기로 한다. 4대문의 정중앙에 세워진 누각을 보신각(普信閣)이라 부르고, 여기에 매달린 종소리인 인정과 파루에 따라 4대문의 문을 열고 닫는다. 새벽 4시경(파루)에 종 33번을 치면 열고 저녁 10시(인정 또는 인경)에 종 28번이 울리면 문을 닫는다. 문을 닫으면 성 밖에서 들어올 수도 없고, 성 안에서도 사람들이 돌아다니는 것을 금지한다. 특히 경복궁 근처에 접근하면 엄히 다스린다.

-문하시랑찬성사 정도전

우치는 먼 곳을 보려고 이마에 손날을 붙이며 고개를 뺐다.

"저기가 흥인문 쪽인가? 잘 보이진 않군. 저쪽이 숭례문 같고. 저 문에서 쭉 뻗은 길로 가 보자. 저기가 궁궐인 경복궁 같아."

둘은 산을 내려가 성안 가장 북적이는 곳으로 가 보기로 했다.

"한양은 개경보다 더 작은 것 같지만 이제 막 정돈하고 새로 지어서 그런지 깨끗하네요."

"개경에 있는 집들보다 덜 화려하지만 단정한 것 같아."

작은 길을 따라가다 사람들이 북적이는 큰길로 들어섰다. 관아가 모여 있는 거리였다. 가장 중요한 부서의 관청이 궁궐 정문 밖 바로 앞길에 양쪽으로 죽 늘어서 있었고, 그중 한 관청의 앞마당에 사람들이 줄 서 있는 것이 보였다.

북적이는 사람 틈에서 주먹밥을 먹는 사람과 그것을 부럽게 쳐다보는 사람이 보였다. 우치가 다가가 밥이 없는 사람에게 아침에 산 떡을 내밀었다. 누구와도 금방 친해지는 꼽살이가 말을 걸었다.

"이것 좀 드세요. 그나저나 여기서 뭐 하세요?"

"공물을 내러 왔단다."

"공물이오?"

"그래 각 지역의 특산물을 궁에 계신 임금에게 바치는 것을 공물이라고 하지 않냐. 나는 어부라 우리 지역 특산물인 생선을 바치러 왔다. 저 수레에 실린 것들이 우리 마을에서 걷은 생선들이지."

"궁이라면 경복궁이요? 궁 안에 백성들이 들어갈 수 있어요?"

"공물을 옮길 때만. 아니면 이 많은 공물을 어찌 옮기겠냐. 병사들이 감시하고 우리는 정해진 곳에서만 움직이는 거지. 이제 가야겠다. 우리 고을 수레가 움직이는구나."

경복궁이란 말에 꼽살이가 얼른 수레 뒤에 붙었다. 수레 끄는 것을 돕는 척하며 따라 들어가자 우치도 꼽살이 하는 것을 보고 따라했다. 졸졸 따라 들어간 곳은 궁궐 안에 붙어 있는 관아들이었다. 궁궐을 지키는 병사들이 지켜보고 있었다. 우두머리 병사가 일꾼들에게 엄포를 놓았다.

"지엄하신 임금님이 계시는 곳이다. 조용히 지내고 정해진 곳 외에는 절대 가선 안 된다."

일꾼들이 정해진 곳으로 가 물건들을 내려놓았다. 전국에서 올라온 것들이라 종류도 많고 정리하는 사람도 여럿이었다. 우치가 물건들을 점검하는 관리에게 다가갔다.

"나리, 여기가 어디인가요?"

"여기? 녀석, 싱겁긴. 공물을 내러 왔으니 어디겠니. 임금님이 드시는 음식 재료를 담당하는 사옹방이다."

"그럼 혹시 예문춘추관(조선 초 임금의 명령을 적고 전달하는 일과 임금의 정치와 역사를 기록하는 일을 하는 기관)이 어디 있는지 아시나요?"

"예문춘추관? 아이고, 높으신 어른들이 일하는 곳은 뭐 하려고? 임금님과 직접 관련된 일을 하는 관아는 궐 안에 있다고 해서 궐내각사라고 한다. 이 긴 건물이 궐내각사이지. 저기 끝에서 두 번째가 예문춘추관이다."

우치와 꼽살이는 수레를 미는 척하다가 몰래 빠져나와 건물 끝을 향해 달렸다. 두 번째 건물 앞에 막 당도하는데 푸른 관복을 입은 관리 하나가 품안 가득 둘둘 말 종이들을 품고 문을 나서는 게 보였다. 관리는 너무 서두르다 발밑의 문턱에 걸려 넘어지고 말았다. 우치는 얼른 달려가 떨어진 것들을 주웠다.

"우르르, 종이들이 쏟아졌네요. 여기요."

"그, 그래. 고맙다. 짐이 워낙 많아서

정신이 없구나."

"짐이 많긴 하네요. 여기가 예문춘추관인가요?"

"그렇다. 어린애가 여길 어떻게 들어왔지? 궁궐 보초가 들여보내 주더냐?"

우치는 보초란 말에 움찔했다. 할 수 없이 거짓말을 해야 했다.

"중요한 일이 있다고 하니까 금방 다녀오라고 하더라고요."

"중요하단 말 한마디에 아무나 들여보냈단 말이냐?"

꼬치꼬치 따지는 품이 섣불리 둘러대서는 안 통할 것 같아 사실대로 말하기로 했다.

"사실은 꼭 찾아야 하는 사람이 있어서 공물 수레를 따라 숨어들어 왔어요. 혹시 민 교리라는 관리를 아세요? 예문춘추관에서 일을 한다고 들었어요."

"민 교리? 바로 나다. 왜 나를 찾지?"

민 교리 말에 꼽살이가 잘 되었다며 박수를 쳤다. 우치가 품에서 편지를 꺼내 내밀자 민 교리가 짐들을 내려놓고 받아 읽었다.

"아니, 이 어른은 나와 얼마나 친하다고 이런 부탁을 하나? 아이를 둘씩이나……."

민 교리가 곤란한 듯 우치를 보았다. 우치가 어쩔 줄 몰라 하는데 꼽살이가 얼른 짐들을 집어 들었다.

"저희에게 심부름을 시켜 주세요. 공짜로 신세 지지는 않겠습니다."

"아휴, 일단 바쁘니까 나중에 얘기하자."

우치와 꼽살이는 종이들을 나눠 들고 민 교리를 졸졸 따라갔다.

꼽살이는 또 언제 궁에 오나 싶어 궁금한 것을 해결하려고 했다.

"근데 나리. 경복궁은 왜 이름이 경복궁인가요?"

"왜냐고? 유교 경전인 〈시경〉에 나온 말에서 따왔단다. '이미 술에 취하고 이미 덕에 배부르니 군자는 영원토록 그대의 크나큰 복을 모시리라.' 그러니까 영원히 크나큰 복을 모신다는 말의 한자인 게지. 조선 왕조가 대대손손 이어지기를 바라는 마음이야."

"그럼 전각 이름은요? 아까 보니까 근정전, 사정전 어쩌고 그러던데?"

"녀석 궁금한 것도 많구나. 근정전은 백성들을 부지런히 보살피겠다는 뜻이고, 사정전은 백성들을 깊이 헤아리겠다는 뜻이다. 유교에서 늘 강조하는 '경천근민', 그러니까 부지런히 백성을 보살핀다는 이념에 따라 지은 것이지. 됐니? 고려가 궁궐 전각 이름을 용도에 따라 붙이곤 했다면 조선은 전각마다 바라는 유교 이념을 넣었다고나 할까."

도착한 곳은 한 전각 옆의 너른 마당. 사람들이 잔뜩 모여 있었다. 민 교리가 가져온 종이 꾸러미들을 흰 수염의 관리에게 가져다 바쳤다. 민 교리가 돌아오자 우치가 속삭였다.

"다들 뭐 하는 건가요?"

"조정에서 한가락 한다는 분들의 자제들을 모아 놓고 세자 저하의 글동무를 뽑는 중이다."

둘이 소곤거리는데 행사를 주관하는 듯 보이는 관리가 큰 소리로 불렀다.

"민 교리는 뭘 그리 속삭이는가? 심부름을 마쳤으면 돌아갈 것이지."

일부러 창피하게 만들려는 말투였다. 모두가 민 교리를 돌아다보았다. 민 교리가 얼굴을 붉히며 중얼거렸다.

"황 정랑 저 자식이. 과거 시험에서 나보다 뒤처지고는 앙심을 품어 사사건건 나를 걸고넘어지는군."

흰 수염의 관리가 나섰다.

"자네도 누굴 데려온 건가? 왔으면 자리에 앉히도록 하게. 동생인가?"

"예? 에, 저 아닙니다. 그냥……."

민 교리가 당황하자 황 정랑이 빈정대며 다가왔다. 우치의 행색을 위아래로 훑어보더니 음흉한 미소를 지었다.

"이 아이도 참가시키는 게 좋겠습니다. 행색은 빈곤해 보이나 형님을 닮았다면 이 정도 겨루기는 1등 하겠지요. 장원의 동생이니."

수준이 한참 떨어져 보이는 우치를 이용해 민 교리를 창피하게 만들 심산이었다. 우치는 빈자리에 어색하게 앉아 눈치를 보았다. 북소리가 나고 종이를 하나씩 나누어 주었다. 열 명이 넘는 소년들이 빈 종이를 보았다. 황 정랑이 크게 외쳤다.

"종이에 한양의 모습을 그리시오. 독수리가 되어 내려다본다고 상상하고 한양의 조감도를 그려야 하오."

조감도라면 자신 있었다. 아침에 보고 온 모습이니까. 뒤에서 관리들이 수군댔다.

"아니 학문만 하는 도령들이 산 위에 올라가 봤을 리도 없고 어떻게 조감도를 그리나. 게다가 다들 번화한 개경이 그립다며 한양을 무시해서 알려고도 하지 않았을 텐데."

아니나 다를까 모두 멈칫거리며 그리다 말다를 반복했다. 우치만 쓱쓱 붓을 휘둘렀다.

'중요한 건물들이 어디 있더라……. 전체적으로 보자. 동, 서, 남, 북에 있는 백악산, 인왕산, 목멱산, 낙타산을 이어 도성을 쌓고, 인, 의, 예, 지의 유교 이념에 따라 동쪽에 흥인문, 서쪽에 돈의문, 남쪽에 숭례문, 북쪽에 숙청문이 있지. 경복궁을 한가운데 배치하고, 그 오른쪽과 왼쪽에 종묘와 사직단을 각각 두었어. 그리고 남쪽 성 밖으로 커다란 강이 이렇게 흐르지.'

황 정랑이 한 소년 옆에 가더니 그 앞의 빈 종이와 우치의 종이를 번갈아 보고 얼굴을 찌푸렸다. 한참 후 종이를 걷어 갔다.

두 번째 시합은 체력 시험이었다. 궁궐 뒷산에 올라 큰 소나무에 매어 둔 주머니를 가져오는 것이었다. 당연히 산을 누비던 우치가 1등이었다. 세 번째 시합은 흔하디흔한 유교 경전 외워 쓰기였다. 썩 잘하지는 못했지만 할아버지에게 배운 것이 있어 대충 아는 것만 채워 넣었다.

다 마치고 황 정랑이 벌레 씹은 얼굴로 결과를 발표했다.

"1등은 민 교리의……."

민 교리가 얼른 나섰다.

"이 아이가 남다르긴 하지만 이제 막 시골에서 올라와 법도를 모릅니다. 얼결에 시합에 참여하긴 했지만 세자의 글동무를 하기엔 나이로 보나 학문으로 보나 부족합지요. 외람되오나 2등을 글동무로 뽑아 주십시오."

듣고 있던 관리들이 우치의 모습을 위아래로 훑어보고 고개를 끄덕였다. 민 교리는 황 정랑의 벌레 씹은 듯한 얼굴을 보더니 씩 웃었다. 그때 하급 관리 하나가 달려와 황 정랑에게 속삭였다. 꼽살이가 살짝 다가가 딴짓을 하는 척하며 귀를 세웠다. 하급 관리가 황 정랑에게 보고했다.

"왕문생을 호송하던 관병들이 산적의 습격으로 다치거나 모두 도망쳤습니다. 왕씨는 사라졌고요."

"뭐라고? 그렇게 중요한 일을 허투루 처리하면 어떡하나? 아, 아니지. 차라리 잘됐어. 도망친 죄를 더해서 유배로 끝내지 않을 수 있겠어. 그자의 얼굴을 그린 용모파기를 돌리도록 해."

꼽살이가 듣다가 얼굴이 하얘져서 우치에게 달려와 전했다. 우치의 입이 떡 벌어지는 것을 보고 민 교리가 끼어들었다.

"무슨 일인데? 무슨 일이기에 그리 놀라느냐?"

"아, 아무것도 아닙니다. 들자니 죄수가 도망쳤다지 뭐예요. 저 살던 산속에서는 도망친 죄수들이 숨어들까 봐 걱정하곤 했거든요. 성이 왕씨인 죄수라는데 추적할 거라니까 금방 잡히겠지요, 뭐."

"아, 왕씨! 또 추왕단을 꾸렸나 보구나. 저놈은 왕씨라면 이를 간다니까. 이 땅의 왕씨는 아예 씨를 말릴 작정이야. 저놈 할아버지가 개경에서 왕씨 왕족과 싸우다 맞아 돌아가셨지. 새 나라가 세워지고는 저 집안에서 가장 열심인 게 왕씨를 없애는 일이 되었어, 쯧쯧."

우치가 벌벌 떨리는 손을 몰래 탄대쪽 손의 소매에 집어넣고는 간신히 밝은 표정을 지으며 물었다.

"조선에서는 왕씨라면 단 한 명도 남김없이 잡아 죽일 건가 보죠?"

"나라에서야 이제 안정기에 접어들어서 더는 왕씨를 깡그리 찾아낼 것도

없는데 저자가 안 해도 될 일까지 만들어서 하는 게지. 악명이 자자한 무뢰배들을 시켜 왕씨를 잡아낸다니 열성을 부려도 너무 부리는 거야. 저자는 추왕단이라고 이름까지 붙였지."

우치는 속으로만 발을 동동 굴렀다. 하지만 이내 할아버지가 어떤 분인지 떠올렸다. 개경에서처럼 전혀 모르는 상황이면 모를까 이제 잡힐 위험을 충분히 알고 있으니 어떻게 되든 몸을 잘 피하실 분이었다. 산속에 살 때도 늘 갖가지 위험이 있었다. 산적, 호랑이, 지나가던 도둑 등등이 있었지만 할아버지는 쉽게 해결해 내셨다.

'할아버지는 쫓기면서도 나를 찾으실 거야. 주변에 계실지 모르니 잘 살펴봐야겠어.'

우치는 생각에 잠겨 있느라 민 교리가 자리를 떠난 것도 모르고 있었다. 저만치 앞서가던 민 교리가 뒤돌아 우치를 향해 다짐하듯 말했다.

"딱 1년만 먹이고 재워 줄 테니 내 손발이 되어 부지런히 일해야 한다."

◆ 우치가 알아낸 정보

한양은 유교 원리에 따라 계획해 세운 도시더라고요

오늘은 한양이 어떻게 만들어졌는지 알아 왔어요. 처음에 도읍을 개경에서 한양으로 옮기기로 했을 때, 여러 의견이 있었대요. 저 아래 계룡산 쪽이었다가 한양 서쪽이었다가 정도전 대감이 지금의 인왕산 아래로 정했대요. 한양은 조선의 중심에 있어 어디로나 가기 좋고, 한강이 있어서 거둔 세를 실어 오기 좋고, 산으로 둘러 쌓여 있어 방어하기 좋은 것이 도읍으로 정한 이유였대요.

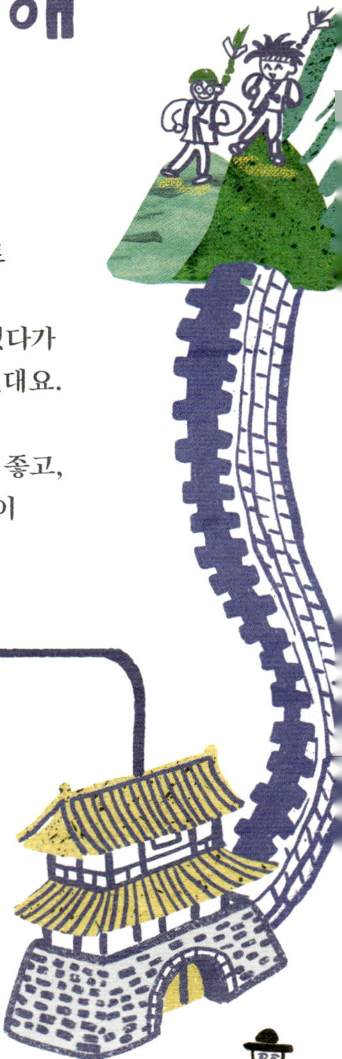

한양 주변도 개경처럼 성벽을 쌓아 둘렀어요. 전국에서 농사를 짓지 않는 계절에 백성들을 불러 모아 성을 쌓도록 했대요. 농사짓는 계절에 불렀다가 농사를 망치면 백성들이 굶게 되잖아요. 이중의 성벽으로 이루어진 개경 도성과는 달리 한양 도성은 한 겹으로 되어 있어요. 듣자 하니 도성을 쌓기 위해 정도전 대감이 백악산, 인왕산, 낙타산, 목멱산, 이 네 곳에 직접 올라가 거리를 쟀다고 해요.

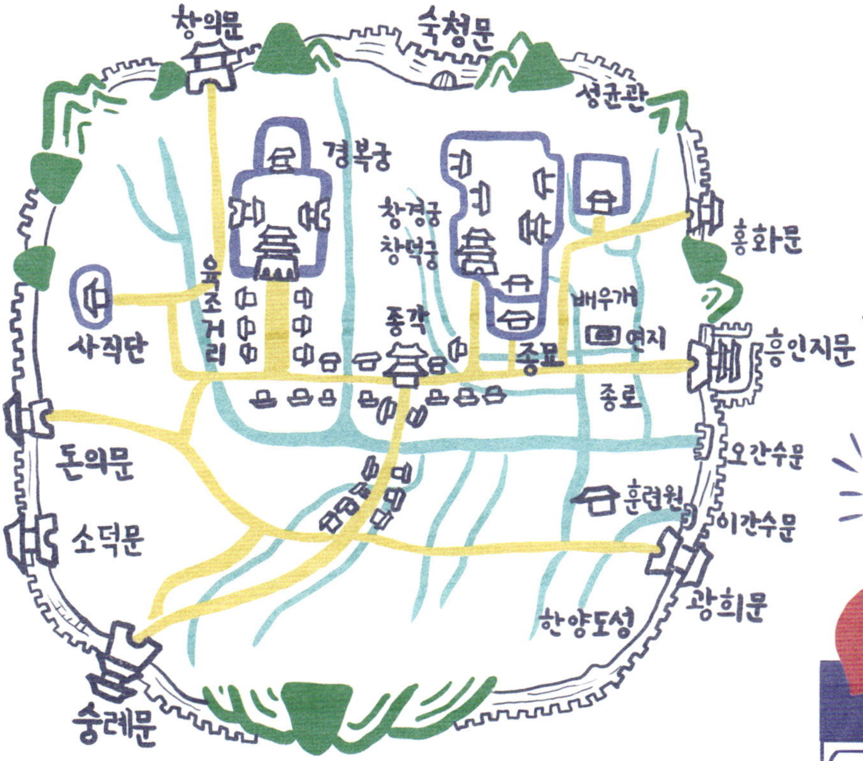

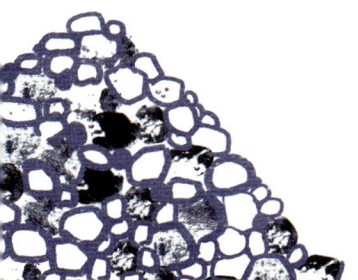

빙 둘러 세운 한양 도성에는 동서남북에 흥인문, 돈의문, 숭례문, 숙청문, 네 개의 큰 대문이 있고 대문과 대문 사이에 작은 문도 있어요. 인왕산을 등에 두고 경복궁을 지었고 궁궐을 바라볼 때의 왼쪽에 사직단을, 오른쪽에 종묘를 세웠고요.

경복궁이라는 궁 이름과 그 안의 전각 이름 역시 정도전 대감이 이름을 붙였어요. 궁궐과 궁궐 안 전각 모두 유교 경전의 《주례》에 나온 규칙에 따라 배치했고, 조선이 어떤 나라이고 어떻게 다스릴 것인가의 의미를 담은 여러 유교 경전의 글귀에서 이름을 따와 각각 붙였지요. 도성을 쌓을 때 백성들을 배려하여 농사철에 부르지 않는 것처럼, 궁궐을 지을 때도 너무 크고 화려하게 짓지 않아 빨리 끝낼 수 있었어요. 물론 세금도 적게 들었고요.

> 한눈에 봐도 개경은 화려하고 복잡했다던데
> 반면 한양은 반듯하고 소박한 것 같아요.

3장
유교를 받들고
불교는 억누르고

민 교리는 예문춘추관의 정5품 교리 관직이라 다들 민 교리라고 불렀다. 예문춘추관은 임금의 명령을 다른 신하에게 전하고 임금이 말하고 행동한 것을 모두 기록하는 기관이다. 민 교리처럼 임금의 일거수일투족을 지켜보고 기록하는 관리를 사관이라고 하는데 임금은 사관을 상당히 불편해한다고 한다. 나쁜 말이나 행동까지 모두 적어 후세에 남기니 그럴 수밖에. 사관은 목에 칼이 들어와도 사실대로만 기록해야 하고, 임금은 아무리 나쁜 말을 적어도 사관을 벌줄 수 없고 어떤 기록도 볼 수 없다. 사관들의 기록을 '사초'라고 하는데 이것들을 해마다 정리해서 사관들의 집에 고이 보관해 두었다가 임금이 돌아가시면 실록청에 낸다. 실록청은 그것을 가지고 그 임금 시대에 어떤 일이 있었는지 기록하는 실록을 편찬한다.

"이게 민 교리가 예전에 기록한 사초인가 봐."

우치가 방을 정리하다 꼽살이에게 종이를 보여 주었다. 꼽살이가 걸레질을 계속하며 대꾸했다.

"깐깐하기가 송곳 같은 양반이 물건 다루는 건 영 헐렁이시라니까요. 절대 누가 보면 안 된다고 하면서도 가끔 흘리고 다니시니."

"그러게. 자기 서재니까 망정이지 바깥에서 그런다면……."

"그래서 도련님보고 옆에 꼭 붙어 다니며 흘린 종이 없나 잘 살피라고 하잖아요."

둘만 있어서 신나게 떠드는데 갑자기 방문이 열렸다. 우치가 깜짝 놀라 눈이 동그래졌다.

"벌컥 그리고 흠칫! 궐에 가신 줄 알았는데 언제 오셨어요?"

"둘이 또 내 흉을 본 게야? 가다가 생각해 보니 너희를 데려가야겠더라."

"저희를요? 왜요?"

"사헌부의 강 대감께서 뭘 좀 조사해 달라고 하셔서 한양 밖을 나가 봐야 해. 거기서 소문을 캐야 하는데 꼽슬이가 딱일 것 같아서 말이다."

우치는 신발부터 꿰신었다. 할아버지가 찾아오기를 기다리기만 해선 안 된다는 생각이 점점 강하게 드는 차에 외출할 기회가 생겼으니 반가울 수밖에. 또 할아버지에게 띄우는 편지의 한 줄 거리가 생겨 여간 신난 게 아니다.

꼽살이가 그 마음을 알고 재빨리 부엌으로 달려가 주먹밥을 챙겨 왔다. 민 교리를 그림자처럼 따르는 호위무사 몫까지 챙겨서 보따리가 컸다. 민 교리는 남동쪽으로 길을 잡았다.

"시구문으로 가는 길이다. 한양 도성 안에서 사람이 죽으면 시구문으로 시체를 내간단다. 남쪽 어느 산에 묻든 시구문을 통과해야 하지. 그 문에서 우치 네가 돌벽을 긁어 가루 좀 모아 와라. 아는 궁인이 좀 구해다 달라고 했는데 마침 가는 길이니 그것도 해결해야겠다."

꼽살이가 갑자기 끼어들었다.

"아, 왜 필요한지 저 알아요. 병을 치료하려고 그러는 거죠? 죽은 영혼이 수없이 통과한 곳이니 거기 돌가루가 병에 특효라는 말 때문이죠. 개경에도 그런 곳이 있답니다. 저도 이참에 좀 구해 놔야겠어요."

"별걸 다 아는구나. 가만 보면 학문만 빼고 잡다한 것은 다 주워들었다니까."

말을 마치고 둘러보는데 우치가 사라졌다. 꼽살이가 길 건너 골목을 보다 화들짝 놀랐다. 사라졌던 우치가 누군가를 쫓고 있었다. 너덜거리는 누런 옷을 대충 입은 남자가 두 손을 들고 죽어라 도망가고 있었다. 들것을 끌고 가다 그것마저 팽개치고 달렸다. 남자는 큰소리로 외쳤다.

"사, 살려주세요. 전 죄가 없어요."

"죄가 없다면 다야. 거기 서, 거기 서라고!"

꼽살이가 달려가 앞에서 막고 우치가 뒤에서 쫓아가 붙잡았다. 민 교리의 호위무사가 우치보다 한발 앞서 남자를 붙잡았다. 남자는 붙잡히자 땅바닥에 그대로 엎드려 고개도 들지 않고 두 손을 싹싹 빌었다. 민 교리가 다가와 물었다.

"갑자기 이자는 왜 쫓아?"

"저기요. 저 가마니 보이죠? 그 밑에 시체가 있다고요. 손이 삐죽 나온 걸 제가 봤어요. 살인을 하고 시체를 버리려는 거예요. 이 살인자!"

"저, 저게 시체라고요? 이 살인자. 벌건 대낮에 이 번잡한 곳에서 버젓이 살인이라니!"

꼽살이가 거들었다. 남자가 손사래를 치며 답했다.

"아닙니다. 저는 매골승입니다. 더비원(가난한 병자들을 치료하기 위해 나라에서 세운 기관. 고려 때 대비원이었다가 조선 태종 때 활인원으로, 나중에 활인서로 이름이 바뀜.)에 온 거지가 병들어 죽어서 내다 버리는 중입니다."

"매골승이라고? 스님이라고?"

우치가 스님이라는 소리에 넙죽 엎드려 절을 했다. 스님이 놀라 벌떡 일어났다.

"왜 이러십니까? 저는 천한 중일 뿐입니다."

의외의 말에 깜짝 놀랐다. 스님은 불교를 숭상하던 고려에서는 귀족만큼이나 대접받았다. 어쩌면 그보다 위일지도 모른다. 백성들의 정신적 지주일 뿐 아니라 국가에 필요한 길닦이, 성 쌓기 등의 돈이나 기술이 모두 절에서 나왔다. 스님은 존재 자체로 존경을 받는 사람이라 산속에 지낼 때도 스님을 만나게 되면 절부터 했다. 그런 존재가 천하다니 뒤로 쓰러질 일이다. 민 교리가 혀를 찼다.

"아이고. 매골승이 시체 치우는 걸 보고 살인이라고 하다니, 너도 어지간하구나. 모르면 좀 가만이나 있지."

"머쓱 머쓱. 그런데 스님이 왜 천하다는 거죠?"

"조선은 유교 국가다. 우주는 양과 음의 기운에 의해 돌아갈 뿐 부처나 보살 같은 헛것들을 믿는 것은 모두 미신이야. 부처를 믿으면 착해지고 잘 사는 게 아니라, 양심을 가지고 바르고 열심히 노력하면 잘 살게 되는 것이지."

우치는 산속에서 지낼 때 건너편 산에 있는 절에 가끔 갔었다. 그 절에는 소원을 빌러오는 사람들이 끊이지 않았다. 소원이 이루어지니까 다들 계속해서 빌 테고 그러니 찾아오는 사람들도 많았을 텐데 왜 다 소용없다고 하는지 알 수가 없었다.

"그럼 이제 바라는 것이 있을 때 누구에게 빌어요?"

"조상에게 빌면 된다. 제사를 잘 지내고 부모가 돌아가시면 상을 잘 치르는 게 중요하지. 그러다 보면 조상들이 우리를 보살펴 주는 것이고."

"거참 이상하네. 죽은 조상을 믿는 것은 미신이 아니고 부처를 믿는 것은 미신이라고요?"

"그럼 당연하지. 조상신은 부처처럼 터무니없는 게 아니라 이, 이치로 설명할 수 있는 거야."

딱히 설명하기 힘드니까 말을 더듬었다. 우치가 계속해서 귀를 쫑긋거리자 민 교리는 말을 돌렸다.

"게다가 고려 시대에 불교가 얼마나 백성들을 괴롭혔는지 아느냐. 절에서 땅 여기저기를 시주로 받고 세금은 하나도 내지 않아 중들이 얼마나 사치를 했느냐. 불당 하나 짓는데 기와집 수십 채에 드는 돈을 쓰기도 했다. 그런 썩어 빠진 종교는 사라져야 해."

우치는 민 교리 말이 맞기도 하고 아닌 것 같기도 해서 멀뚱멀뚱 쳐다보았다. 이마의 땀을 훔치는 민 교리를 구해주는 이가 있었다. 꼽살이다. 뭔가를 발견한 꼽살이가 민 교리 소매를 잡아당기며 어디론가 가자는 시늉을 했다.

"바쁘다니까 이번엔 또 너냐? 어딜 가는 거야?"

"쉿! 아무 말 말고 따라 오세요."

우치도 덩달아 까치발을 하고는 살금살금 따라갔다. 가도 가도 끝이 없었다. 한참을 따라가다 지쳐서 주저앉았다. 숭례문을 지나 남쪽으로 더 가니 산이 보였다.

"아니 대체 누구를 따라가는 거야?"

"저기, 저 작은 마님이요."

작은 마님이라 함은 민 교리의 부인을 말하는 것이다. 저만치 한 여인이 쓰개치마를 뒤집어쓰고 걸어가고 그 뒤를 어린 여종이 따라가는 것이 보였다. 그 종이 민 교리 댁 노비인 걸 보면 쓰개치마를 쓴 여인은 분명 작은 마님일 것이다.

"아파서 꼼짝 못하겠다더니 대체 어딜 가는 걸까?"

민 교리는 난감한지 헛기침을 했다. 세 사람은 마님에게 들키지 않도록 조심하면서 산을 올랐다. 마님은 자주 와 본 것처럼 치마를 입고도 곧잘 걸었다. 산은 길이 잘 닦여 있어 여인들이 걷기에도 좋았다.

점점 깊은 산속으로 들어갔다. 멀찌감치 떨어져 따라가는데 마님과 여종이 비명을 지르며 쓰러졌다. 남자들 두어 명이 낄낄거리며 마님을 둘러쌌다. 풀어 헤진 머리 하며 손에 든 몽둥이로 보아 외진 곳에서 나쁜 짓을 저지르는 무뢰배들 같았다. 우치는 호위무사만 믿고 기다란 막대기를 집어 들고 뛰어갔다. 소리를 마구 지르면서 막대기를 몇 번 휘두르기도 전에 무뢰배들은 땅에 코를 박고 엎드렸다. 민 교리의 호위무사에게 벌써 몇 대 맞은 것이다. 무뢰배들은 두 손을 싹싹 빌며 변명을 늘어놓았다.

"저, 저는 탈출한 왕씨가 한양으로 숨어들기 위해 이 산길을 지날지 모른다 하여 지키던 중입니다요. 그, 그래도 나랏일을 하는 건데……."

"나랏일은 무슨. 황 정랑이 제 개인 원한을 푸는 일인걸. 네 놈들은 거기서 돈 받고 시키는 일을 하는 것 아니냐."

우치는 추왕단이라 부르는 무뢰배들을 코앞에서 보자 얼마나 놀랐는지 모른다. 꼼살이도 얼굴이 하얘져서 입을 떡 벌렸다. 민 교리가 물었다.

"그래서 왕씨는 잡았고?"

"아닙니다. 아무래도 잘못된 정보 같습니다. 저희는 이만 가 보겠습니다."

무뢰배들이 뒷걸음치며 도망쳤다. 무뢰배들을 노려보던 민 교리가 마님을 찾아 고개를 돌렸다. 민 교리의 얼굴을 보고 놀란 마님은 일어서려다 다시 쓰러졌다. 누워서 꼼짝도 못하던 마님에게 민 교리가 다가갔다.

"부인 괜찮소? 저놈들이 왕씨를 찾는단 핑계로 산길을 지키다가 혼자 가는 아녀자를 보자 푼돈이라도 뺏으려 했던 모양이요. 제 버릇 개 못 준다더니, 쯧쯧쯧."

뜻밖의 만남에 여종도 눈이 튀어나올 지경이었다. 민 교리가 문득 화가 나는지 덧붙였다.

"아니, 아파서 꼼짝 못한다더니 이 산속에는 웬일이란 말이오. 나에게 거짓말을 하고 여기에 온 이유가 뭐요?"

마님이 머뭇거리다 답했다.

"사실 절에 가는 길입니다. 절에서 다른 부인들과 모임이 있어서요."

"모임?"

"예, 불공도 드릴 겸 부인들끼리 얼굴도 볼 겸. 사실 고려 때 있던 연등회나 팔관회 같은 불교 축제가 이제 없지 않습니까? 그래서 따로 부인들이 즐길 일도 없고 불공을 드리고 나서 얼굴이나 보는 거죠, 뭐. 그런데 서방님이 불공이라면 질색을 하시니 거짓말을……."

여종이 눈치를 보다가 거들었다.

"나리께서는 집에 시주 받으러 온 스님도 혼을 내서 쫓아내실 정도니 절에 간다고 말씀을 못 드렸어요. 하지만 한양 여인들은 아직 다 절에 다녀요. 절이 산속으로 다 쫓겨나서 어쩔 수 없이 산을 오를 뿐이죠."

민 교리는 겸연쩍은 듯 뒤통수를 긁고는 사실대로 말하지 그랬냐며 중얼거렸다. 우치가 돌아서며 일침을 놓았다.

"아니, 귀신 지나가는 문의 돌가루로 병을 치료하는 것은 믿으면서 부처님이 소원 들어주는 것은 왜 안 믿는 거지? 갸웃갸웃."

그날 밤 우치는 왕씨가 한양으로 숨어들었다는 무뢰배의 말을 곱씹으며 앞으로 할 일을 고민하느라 잠을 설쳤다.

◆ 우치가 알아낸 정보

불교는 미신이고 유교만 진짜래요

태조 왕건은 고려를 세우자마자 백성들의 마음을 모으기 위해 불교를 나라의 종교로 삼았다고 하셨지요.

덕분에 고려는 거란이나 몽골이 쳐들어왔을 때 백성들이 똘똘 뭉쳐 이겨 나갈 수 있었고요.

할아버지는 산속에서도 스님만 만나면 코가 땅에 닿도록 절을 하셨어요. 모두 스님을 존경했지요. 절은 엄청나게 많은 땅을 소유했고 각 분야의 뛰어난 기술과 돈이 모여 있던 장소였죠.

연등회나 팔관회 같은 불교 행사가 열리는 날은 고려의 가장 크고 중요한 명절이었고요.

불교는 '미신'이고 '악의 근원'!

그런데 조선을 세운 신진 사대부들은 이런 불교를 너무너무 싫어해요. 일단 유교의 관점에서 보면 부처와 같은 신을 숭상하는 것은 모두 미신이래요. 게다가 절이 엄청나게 많은 땅을 가지고 있으면서 세금도 내지 않고 백성들을 부려먹으니 악의 근원이라네요.

조선이 세워지자마자 불교는 철저하게 억눌러야 하는 대상이 되었어요. 절은 산속에 있던 것만 남기고 도성 안에는 남아 있지 못하게 했지요. 도성 안에는 사람이 죽으면 시체를 치우는 매골승만 남아 있고 시주를 받으러 오지 못한대요. 하지만 어딘가 빌 대상이 필요한 백성이나 아녀자들은 여전히 부처를 찾아서 산속 절로 가곤 한대요.

4장
농사가 천하의 근본

우치가 아침부터 봇짐을 뒤졌다. 꼽살이가 걱정스러운 눈빛으로 물었다.

"또 무슨 짓을 저지르시려고요. 괜히 섣부르게 행동하다 도련님 정체만 탄로 날지 몰라요. 의심을 사서 잡히면 아무것도 모르고 우리를 거두어 주신 민 교리 나리께 폐를 끼치게 될 것이고요."

"어제 추왕단이 산속에서 산길을 지나는 왕씨를 노린다는 소리 들었지? 생각해 보니까 무작정 할아버지를 기다리기보다는 우리가 직접 찾아 나서야겠어. 지금으로선 제일 좋은 방법은 그자들을 쫓는 거야."

"쫓아서 어쩌려고요. 그들과 한판 붙기라도 하시겠다는 거예요?"

"우리가 무슨 수로 무뢰배를 물리치고 할아버지를 구하겠어. 일단 그놈들의 뒤를 밟아 할아버지가 어디 계신지 정보를 캐내는 거지. 그런 다음 놈들보다 먼저 할아버지가 계신 곳에 도착해 할아버지를 구해 내는 거야."

"추왕단이 지금 어디 있는 줄 알고 뒤를 밟아요?"

"어제 민 교리에게 물어보니까 그자들이 주로 활동하는 곳이 시장이래.

가게 주인들에게 자릿세라며 돈을 뜯는다나 뭐라나. 가서 장사하는 척 그자들을 찾아봐야겠어."

우치가 부스럭거리며 봇짐에서 종이 뭉치를 꺼냈다. 할아버지가 싸둔 봇짐에 종이가 가득해서 어디에 쓰나 했는데 쓸 데가 생겼다. 고려 종이는 중국에서도 탐내는 물건이다. 가벼워서 가지고 다니기 좋기 때문이다. 언제든 필요한 물건과 바꿔 쓰라고 충분히 준비해 둔 것이다. 우치는 이것을 팔려고 마음먹었다.

운종가 시장 한쪽에 자리를 펴고 종이를 놓았다. 우치가 기대앉은 담벼락에서 낡은 종이 한 장이 떨어졌다. 오래된 방이 펄럭이다 우치의 등에 스치자 떨어진 것이다.

농사를 짓고 누에를 치는 것은 나라가 굴러가는 근본이고, 학문을 배우는 것은 백성들을 착하게 만드는 근원이다. 내가 왕이 된 이후 여러 번 농사와 누에치기를 권장하고 학문 가르치기를 열심히 하라고 하였으나 지역 수령들이 힘쓰지 않아 효과가 없으니 걱정이다. 이제부터 사헌부와 관찰사가 성적을 매길 테니 모두 열심히 실행해 백성을 사랑하는 나의 마음에 맞게 하라.

- 조선 임금 이성계

우치가 소리 내어 읽었다. 꼽살이가 듣고는 한마디했다.
"백성을 되게 많이 사랑하나 봐요. 말끝마다 백성, 백성."

"유교를 나라의 근본 원리로 삼으니까 그런 거야. 원래 공자, 맹자가 말끝마다 백성, 백성 했거든."

꼽살이가 날아가려는 종이를 잡고 깨끗한 돌로 눌러 놓으며 물었다.

"그런데 왜 농사와 누에치기만 근본이에요? 장사는? 장사가 잘돼서 세금 많이 내면 나라에도 좋지 않나? 농사야 땅 가진 사람만 잘살지."

"민 교리가 한 말이 생각나네. 내가 커서 장사꾼이 되겠다고 했더니 장사는 쉽게 망하고 그러다 보면 먹고살 길이 없어 산적이 된다고 하더라고. 나라에서 장사를 말리는 이유도 그렇대. 장사한다고 모두 잘되는 것이 아니니까. 장사해서 이득 보겠다고 농사 때려치우고 돌아다니면 나라에서도 단속하기 더 힘들어. 게다가 점잔빼는 사대부들 눈에는 장사가 아득바득 돈을 벌려고 하는 것 같아 천박하다 여기는 거지."

"신기하네요. 개경에서 큰 장사꾼은 귀족만큼이나 존경을 받았는데. 저도 한때 인삼 무역을 해서 큰 부자가 되는 꿈을 꿨거든요. 눈치 빠르고 계산 잘해서 장사 잘할 거란 소리 많이 들었는데."

우치는 이야기를 나누면서도 어제 본 무뢰배가 지나가지는 않는지 이리저리 살펴보았다. 오라는 사람은 안 오고 한 선비가 와서 종이를 살펴보았다. 만져보고는 보기 드문 질이라며 몇 장을 사 갔다. 장당 가격은 꼽살이가 이미 큰 종이 가게에 가서 알아 와 제값을 받을 수 있었다.

한참 후에 다른 선비들이 와서 더 사갔다. 이곳에 좋은 종이가 있다는 소리를 듣고 왔다고 했다. 우치와 꼽살이는 다 팔려 가는 종이를 보며 신이 났다.

"이제 마지막입니다. 질 좋은 종이입니다, 종이!"

"네 이놈!"

관졸들 몇이 몰려와 둘을 둘러쌌다. 꼽살이가 벌떡 일어나더니 남은 종이와 돈주머니를 들고 내달렸다. 관졸 하나가 꼽살이를 쫓았다.

"네 이놈, 거기 서!"

우치는 멍하니 있다가 그 자리에서 붙잡혔다. 꼽살이를 쫓아간 관졸이 구시렁거리며 돌아왔다. 놓치고서 괜히 우치를 윽박질렀다. 우치는 아무것도 모르는 얼굴로 쳐다보았다. 불리한 상황에서는 일단 기선제압이 먼저다. 기선제압에는 반말이 최고.

"대체 왜 이러느냐?"

"왜 이러느냐? 녀석이 주제에 양반 행세를 하네? 가자. 간도 크지. 지전이 코앞인데 여기서 종이를 팔아?"

"지전이요? 왜요, 종이 가게 옆에서는 종이를 팔면 안 된다는 법이 있소?"

그러자 뭉툭하고 돈 좀 있어 보이는 남자가 나섰다.

"한양 도성 안에서는 지전 옆에서뿐만 아니라 종이 자체를 팔면 안 된다. 나라에서 허가한 지전 말고는 종이를 팔 수 없다고. 우리만 독점적으로 팔려고 나라에 바치는 종이가 얼만데?"

"허가 받은 사람만 팔 수 있다고요? 그럼 지전에서 아무리 비싸게 팔아도 거기서만 사야겠네요? 무슨 그런 법이 있어요? 개경에서는 시장도 크고, 가게도 여러 개고, 아무나 종이를 팔았는데?"

"그건 장사를 권장했던 고려 때 이야기고. 잔말 말고 가자. 아까 보니 엄청 좋은 종이를 팔던데 돈 좀 있는 놈이 틀림없다. 어디서 밀무역을 해서 들여왔는지 몰라도 자금이 충분할 테지. 밀무역한 장소를 대거나 돈을 내면 풀어주겠다."

우치는 그 자리에서 한성부로 끌려갔다. 관졸을 붙잡고 살려 달라고 빌었지만 고발한 지전 주인이 풀어 줘야지 자기들은 권한이 없다고 불퉁거렸다.

터벅터벅 감옥으로 향했다. 옥 안에는 이미 남자 둘이 있었다. 우치가

들어가자 힐끗 보고는 한쪽 구석으로 갔다. 우치는 들어가자마자 고개를 무릎에 묻었다.

'자, 정신 차리고 어떻게 빠져나갈지 궁리해 보자. 혹시 잘하면 민 교리가 꺼내 줄지도 몰라. 아니지. 융통성 없는 민 교리가 그럴 리가 없어. 종이 판 돈을 지전 주인에게 바쳐? 아니지, 그럼 우린 한양에서 어떻게 지내. 대체 어쩌지?'

한참 후 무릎을 툭툭 치는 사람이 있어 고개를 들었다. 옥에 같이 있던 남자 중 하나가 그릇을 내밀었다. 밥이라도 나온 모양인데 소 여물도 아니고 영 이상했다. 우치는 고개를 가로젓고 다시 고개를 파묻었다. 남자가 동료에게 말했다.

"벙어리인가?"

"귀머거리 같아. 밥이 들어오는 소리도 못 들었잖아. 옥문이 열리는데 아무 소리도 못 듣고 저러는 거 보면 틀림없이 귀머거리야. 그나저나 이걸 밥이라고 주나, 에잇!"

나무 밥그릇이 소리를 내며 떨어졌다. 다른 남자가 속삭였다.

"쉿! 저 녀석이 들어."

"귀머거리라니까. 얘! 꼬마야! 내가 숨겨 둔 고기가 있는데 좀 줄까?"

우치는 고개를 들지 않았다. 귀머거리인 척해야 덜 귀찮을 것 같았다. 남자들이 우치의 반응을 보더니 안심하고 이야기를 나누었다.

"봐, 귀머거리라니까. 이번 일이 잘 풀리면 돈이 들어올 거야. 그럼 먹을 걸 좀 넣어 달라고 하자고. 이득이 크면 우리 풀려나게 뒷돈 좀 넣어 달라고 하고."

"한양까지 잘 들여올 수 있을까?"

"새로 옮긴 봉성 객주는 사람들이 워낙 많이 드나들어서 아무도 의심 안 할 거야."

두 사람은 우치를 힐끗거리며 속삭였다. 우치가 자는 것처럼 보이는 데다 귀머거리라고 단정하고 안심하는 것 같았다.

"전주에서 올라온 종이를 몽땅 사들였으니까 시중에 종이값이 좀 올랐을 거야. 헐값에 산 종이를 여진족 털모자랑 바꾸어 되팔면 기와집 한두 채는 살 정도지. 형님이 들키지 않고 잘하셔야 할 텐데."

우치는 두 사람의 기대에 찬 목소리를 들으며 잠이 들었다.

날이 밝았다. 옥문이 열리고 심문을 하기 위해 관졸이 우치를 끌어냈다. 언제 왔는지 꼽살이가 발을 동동거리며 기웃대는 게 보였다. 우치는 끌려가며 꼽살이에게 걱정 말라며 손짓했다. 자신에 찬 우치의 얼굴을 보고는 꼽살이의 얼굴이 밝아졌다.

우치가 끌려간 곳은 의자가 놓인 작은 방이었다. 지전 주인과 관아 아전이 기다리고 있었다. 지전 주인이 우치의 얼굴만 봐도 화가 나는 듯 얼굴을 붉혔다.

"간밤에 반성 좀 했느냐? 어린 녀석이 잠상(몰래 숨어 장사를 하는 상인) 노릇을 하다니. 지금 네놈들 때문에 힘든 사람이 몇인지 알아? 종이값이 천정부지로 뛰어서 종이를 구하려는 사람들 고생이 이만저만이 아니라고. 우린 남는 돈이 없어 일꾼 품삯도 못 주고, 돈 없는 일꾼들은 며칠째 굶고 있어. 이게 네놈들이 한 짓이야."

"저는 잠상이 아니에요. 저희 집안에 남아 있는 종이를 판 거란 말이에요. 종이를 보셨으면 요즘 물건이 아니란 걸 아실 텐데요."

우치는 남은 종이를 들고 튄 꼽살이가 괘씸해졌다. 우치의 말에 수긍이 가는지 지전 주인의 얼굴이 좀 진정되었다. 분위기가 풀리자 우치가 다른 물음을 던졌다.

"아니 조선은 다른 나라와 무역도 못 하게 하고, 아무나 장사도 못 하게 하고, 왜 그래요? 농사만 지으라 이건가요?"

"조선은 농업이 근본인 나라야. 사람들이 장사를 쉽게 여겨 너도나도 장사를 하면 농업이 흔들릴까 봐 어떻게 해서든 차별을 하고 상업을 누르려 하지. 내가 이리 잘사는 것으로 보여도 이익을 따르는 것이 천박하다며 농부보다 천한 취급을 받아.

같이 있던 아전이 안됐다는 듯 주인의 어깨를 토닥이며 말했다.

"공자, 맹자님이 그렇다는 걸 우리가 어찌하겠수. 그게 온 백성이 잘살 수 있는 최선인가 싶으이. 자네도 정 힘들면 황무지를 개간하면 어떤가. 그럼 세금을 면제해 주고 여러 상을 내리지 않나. 개간할 때는 힘들어도 어엿한 농부가 되는 거니까."

"그러잖아도 나도 돈을 좀 모으면 땅을 사서 농사를 지어야겠소. 나라 정책이 농사에만 맞춰져 있으니 말이오. 상업은 딱 필요한 정도만 허락하고 억누르지. 외국과 무역을 해서 판을 키우려고 하면 그것도 막고 이것저것 마음대로 팔고 싶은 것을 팔기도 힘들고 말이오."

우치가 고개를 갸웃대며 물었다.

"그럼 필요한 물건은 스스로 만들어 쓰고 없으면 참아야겠네요?"

"종이나 항아리같이 특별한 기술이 사용된 물건을 제외하고는 그렇지 뭐. 내가 이 나이 먹도록 듣기만 했지 보지도 못한 물건이 엄청 많아."

이야기를 나누다 보니 지전 주인에게 정이 갔다. 간밤에 들은 일이 떠올랐다. 감옥에 있던 그자들은 금지한 무역을 해서 정당하게 장사를 하는 사람들에게 막대한 손해를 입히고 있었다. 종이값이 오르면 일반 백성들도 고통을 입을 것이다. 우치는 망설이다가 간밤에 들은 사실을 들려주었다. 지전 주인이 놀라 벌떡 일어섰다.

"봉성 객주라고? 사실이냐?"

"분명히 들었어요. 전주에서 올라온 종이를 싹쓸이해서 가지고 있다가 터무니없이 비싼 가격으로 팔고, 그 돈으로 여진족이 가져온 털모자를 살 거래요."

"고맙다. 나에겐 아주 중요한 정보구나."

"대신 저에게도 정보 하나 주시면 안 될까요?"

"뭔지 모르지만 내가 알아봐 줄 수 있는 거라면 해 주마."

"시장을 누비는 무뢰배 중 왕씨를 추적하는 사람들이 누구인지 찾아주시면 돼요."

며칠 후 우치는 풀려났다. 그뿐만 아니라 지전 주인에게서 원하던 정보를 얻어냈다.

옥에서 풀려나고 한동안 우치는 잠시도 입을 쉬지 않았다. 우치가 따라다니며 수다를 떨자 민 교리가 귀를 문지르며 짜증을 냈다.

"인제 그만 말 하거라. 며칠 안 보이더니 갑자기 말이 많아졌어. 그만해, 귀가 따갑다."

꼽살이가 옆에서 씩 웃었다. 우치는 계속 떠들어 대면서도, 감옥에서 귀머거리, 벙어리인 척하느라 고생했다는 소리는 하지 않았다.

◆ 우치가 알아낸 정보

조선에서는 장사꾼보다는 농사꾼이 되어야겠어요

한양에 와서 논밭을 지날 때면 '농사천하지대본'이란 말을 자주 들을 수 있어요. 농사가 천하의 근본이라는 뜻이지요. 조선은 농업이 제일 중요하대요. 이게 고려와 참 다른 점 같아요.

고려는 나라에서 나설 만큼 상업을 중요하게 생각했잖아요. 주요 도시에 시장을 열어 물건을 사고파는 일이 잘 이루어졌고, 특히 바닷길을 통해 다른 나라와 활발한 무역을 했다고 하셨죠? 개경에서 가까운 항구인 벽란도는 고려 무역의 중심지였어요. 벽란도에서는 송나라는 물론이고 아라비아 배가 드나든 기록도 있더라고요. 제가 산에서 막 내려왔을 때만 해도 개경 시장에 외국에서 온 물건이 많다는 소리를 들었어요. 그런 걸 보면 고려가 바다 건너 다른 나라와 얼마나 활발히 교류했는지 알 수 있어요.

이와 달리 조선은 농업을 중시하고 상업은 꼭 필요한 만큼만 이루어지도록 신경 쓰지요. 고려 사회에서는 각 지방의 권세 있는 집안에서도 장사를 했지만 조선 사대부들은 장사를 염치없는 짓이라고 생각해요. 직접 생산하지 않고 중간에서 이득을 취하는 것이라고 하면서요.

농사는 이렇게 장려해요.

황무지를 개척하면 세금을 몇 년간 면제해 주고,

농사를 짓는 계절에는 성을 쌓거나 길을 닦는 일에 백성들을 동원하지 않아요.

지방 수령은 농사가 잘 이루어지는지 감찰하고, 이를 잘 해내지 못하면 벌을 받지요.

덕분에 백성들은 예전보다 농사를 지을 수 있는 환경이 좋아지고 쌀 생산량도 늘어 삶이 나아진 것 같아요. 이제 농민들은 여기저기 옮겨다니지 않고 땅에 딱 붙어살면서 농사를 짓고 착실히 세금을 내요. 그러니 나라에서는 농업을 권장하는 게 이익인 건 분명해요.

우리도 조선 땅에 뿌리내리고 살게 되거든 농사를 지어야겠어요.

5장
어둠의 경로가 좁아진 조선, 실력대로 관료 뽑기

우치는 아침을 먹자마자 집을 나섰다. 문밖을 나서자마자 진즉에 출근했던 민 교리를 보았다. 한 남자가 소매를 붙드는 통에 가질 못하고 있었다. 녹색 관복을 입은 남자가 민 교리의 소매를 붙잡고 사정하는 중이었다.

"같은 학당 출신인데 날 좀 봐주게. 관청 물품이나 관리하는 일은 정말 신물이 나. 자네처럼 청요직을 지내야 정3품, 2품, 높은 자리에 오르지 나는 이러다 7품도 못 오르고 끝날 것 같다니까."

"청요직은 과거에서 우수한 성적을 거두어야 할 수 있다는 걸 자네도 잘 알잖은가. 과거를 치르지 않고 문음(2품 이상 고위 관리의 자제를 과거 시험을 보지 않고 채용하던 제도)으로 들어온 자네 같은 사람은 절대 힘들다네. 지금 9품 참봉에 만족하든지 정 청요직을 원하면 이번에 과거를 다시 보게나."

꼽살이가 언제 왔는지 우치 뒤로 와 속삭였다.

"저 사람 가끔 저렇게 찾아와 사정한다니까요. 같은 학당을 다닌 권 참봉이라나 뭐라나. 근데 청요직이 뭐래요?"

"사헌부, 사간원, 예문춘추관처럼 중요한 부서의 관직을 말한대. 나도 엊그제 들었어. 조용히 하고 따라 와."

우치가 민 교리를 피해 뒷문으로 나와 달리듯 걷는데 꼽살이가 따라왔다.

"또 어디를 몰래 가시려고요?"

"반촌."

"반촌이요? 거기가 어디기에, 왜요?"

"반촌에는 매일 소 잡는 곳이 있대. 그곳에서 작은 마님에게 드릴 소뼈를 구하려고."

꼽살이가 발을 맞추며 되물었다.

"아니, 작은 마님이 앓아누웠는데 갑자기 왜 소뼈요? 그 병은 절에 가셔야 나을걸요."

"민 교리가 절대 못 가게 할 테니 그건 안 되겠지. 짐 덩어리인 우리를 그래도 살뜰히 보살펴 주시는 분인데 뭐라도 해 드리고 싶어서 소뼈를 사 드리려고. 할아버지가 산에서 조금만 아파도 사골국 한 그릇이면 나을 것 같다는 말을 하셨거든."

"그때는 소를 잡아도 되는 고려 시절이었고요. 지금은 너도나도 소를 잡아먹으면 농사지을 소가 없어질까 봐 법으로 소 잡는 것을 금지한다고 했잖아요. 그런데 왜 반촌이란 곳만 소를 잡으라고 허락해 주었을까요?"

우치는 민 교리에게 들은 것을 떠올려 보았다. 혜화문 근처에는 성균관이 있다. 이곳에서 유교 성인들의 위패를 모시고 정기적으로 제사를 지낸다. 성균관은 과거를 준비하는 학생들이 공부하는 조선 최고의 교육 기관이기도 하다. 성균관을 둘러싼 그 주변의 마을을 반촌이라고 하는데 학생들이 먹고 자고, 제사 올리는 데 필요한 모든 잡일은 반촌의 노비들이 한다. 한마디로 반촌은 성균관을 지탱하는 마을인 것이다.

"성균관에서 제사 지내는 일은 중요한 나랏일 중 하나야. 거기에 쓰일 고기를 준비하려면 소를 잡는 것을 나라에서 허락해야지."

"그렇다고 단지 소뼈를 구하려고 거기까지 가신다고요?"

"소뼈도 소뼈지만 진짜 목적은 따로 있어. 반촌은 나라 법이 적용되지 않은 특수한 곳이래. 범죄를 저지르고 숨어들어도 관병들이 잡으러 들어갈 수 없대."

"주인 나리가 들어가시기 딱 좋은 곳이네요."

"응! 지전방 상인에게 듣기로, 요즘 추왕단 무리가 거길 들락거린다고 하더라고."

"그렇다면 추왕단이 주인 나리를 잡으려고 드나드는 것일 수도 있네요. 주인 나리가 관병을 피해 반촌으로 숨어들 수도 있다는 정보를 듣고요."

대충 알아듣는 것 같아 우치는 답하지 않고 앞서 달렸다.

반촌에 들어서자 비릿한 냄새와 구수한 냄새가 동시에 풍겨 왔다. 시장처럼 한쪽에서는 물건을 만들고 다른 쪽에서는 파는 곳도 있었다. 나무 쪼개는 소리, 쇠 두드리는 소리를 들어 가며 마을 한가운데를 향해 걸어갔다. 멀지 않은 곳에 성균관의 웅장한 지붕이 마을을 내려다보고 있었다.

우치는 곧장 성균관으로 향했다. 거대한 문 앞에서 누가 지나가기를 기다렸다. 반촌에는 성균관에서 일하는 아이들이 있다고 들었다. 그 아이들을 통해 정보를 캐낼 작정이었다. 이 일에는 꼽살이가 제격이었다. 마침 입이 커다란 아이 하나가 밖으로 나왔다. 꼽살이가 쪼르르 달려가 물었다.

"너 여기서 일하냐?"

"그런데?"

"내 개경에서 주인 나리를 따라 한양에 왔는데 어쩌다 보니 놓쳤지 뭐냐. 혹 떨어지거든 성균관에서 만나기로 했는데 최근에 여기 새로 오신 분 없어?"

"새로 온 사람? 없는데? 여긴 내가 종일 누비는 곳이야. 누가 있는지 마루 밑 생쥐까지도 알지. 성균관 학생을 찾아온 손님도 내가 다 알고 있다고."

"한 55살쯤 되고 키가 작은 데, 존함이 왕……."

우치가 꼽살이 등을 콕 찌르며 끼어들었다.

"손님도 안 찾아왔단 말이지? 얼핏 들으니 반촌 밖의 무뢰배들이 드나든다던데 그건 모르지?"

"무뢰배? 아, 그 사람들? 그 사람들은 왔다가 금방 갔어. 처음에 우리 반촌 사람들이 고기를 잡아 돈푼이나 만진다는 소리를 듣고 왔나 봐. 돈을 뜯어 가려다가 오히려 호되게 당하고 금방 쫓겨났지. 우리 반촌 사람들이 얼마나 무서운데."

우치는 실망스러웠다. 무뢰배들은 할아버지를 찾아온 게 아니라 다른 이유로 온 것이다. 일단 할아버지 일은 미루고 소뼈나 구해 돌아가기로 했다. 아이에게 소 잡는 곳을 물어 발길을 돌렸다. 알려 주는 대로 가다 보니 널찍한 마당이 있는 초가집이 보였다. 가까이 갈수록 비릿한 냄새가 진해졌다. 우치가 꼽살이를 잡아 세웠다.

"여기다, 들어가자."

안으로 막 들어가려는데 입구 앞 나뭇등걸에 등을 돌리고 앉아있는 사람이 보였다.

"얼마나 기다려야 하나……."

안쪽을 향해 있어 뒷모습만 보인 채 팔을 들고 있는 것이 눈에 익었다. 목

소리도 그렇고 뒷모습도 그렇고 할아버지와 똑같았다.

"할아버지!"

"아쿠쿠쿠!"

우치는 반가운 마음에 재지 않고 달려가다 그 사람과 부딪쳐 넘어지고 말았다.

넘어진 사람을 얼른 일으켜 세우며 얼굴을 확인했다. 할아버지의 아버지뻘은 되어 보이는 흰 수염이 난 굉장히 늙은 노인이었다. 우치는 죄송한 마음에 머리를 연신 숙였다.

"깜짝 그리고 뻘쭘, 죄송해요. 저희 할아버지인 줄 알았어요."

"네 할아버지를 왜 여기서 찾아?"

당황해서 대답을 못 하고 있는데 꼽살이가 끼어들었다.

"그, 그러게요."

"그놈, 싱겁긴. 고기 사러 왔느냐? 그럼 여기서 기다려라."

우치는 머쓱해 하며 노인 옆에 섰다. 잠시 후 흰 수염의 노인은 심심했는지 우치를 붙잡고 옛이야기를 늘어놓기 시작했다.

바야흐로 40년 전 개경에서 개인이 세운 학교인 사학 출신 학생들이 과거에 급제하여 명성을 떨칠 때, 노인은 그중 제일로 꼽혔던 문헌공도를 다니셨단다. 엄청난 학업 실력으로 자신과 어깨를 겨눌 사람이 없을 정도였다는 말은 아무래도 허풍 같았다.

"저기 성균관? 저건 나라에서 세웠지. 고려 때는 국자감이라고 불렀다가 나중에야 성균관이 되었지. 나 소싯적에는 나라에서 세운 성균관보다는 사학을 더 쳐줬어. 알아주는 스승이 가르치는 개인 학당 말이야."

우치가 이상해서 물었다.

"그렇게 대단하셨으면 관직은 어디까지 하셨어요? 정 1품? 2품?"

"1품? 흐흠, 난 관직에 오른 적이 없다. 고려 때는 음서제가 있어 5품 이상 관리 집안 출신인 나는 얼마든지 관리가 될 수 있었다. 하지만 오, 로, 지! 내 능력만으로 관직에 오르고 싶어 과거를 보고 있지. 그런데 번번이 낙방해 지

금까지 왔다. 실력과 합격이 꼭 일치하지는 않더라."

"그럼 아직도?"

"맞다. 나는 올해도 과거를 보려고 한양에 올라와 여기 반촌에 묵고 있다. 몸이 쑤셔서 소뼈나 고아 먹을까 하고 사러 왔지."

놀라웠다. 굉장히 늙어 보이는 노인이 아직도 과거 시험을 보다니. 우치가 갸웃대며 물었다.

"지금이라도 음서로 관직에 오르지 그러세요."

"이제 늦었다. 5품 관리 집안 자제에 한하던 음서가 2품 관리 자제로 제한하는 문음으로 바뀌었단다. 게다가 고려 때는 음서 출신을 자랑스러워했는데 조선의 문음 출신은 부끄러운 일일 뿐 아니라 높은 관직은 오르지도 못하지."

"그러니까 과거 시험을 보지 않고도 관직에 오를 수 있는 음서가 아예 없어진 것은 아니지만, 문음으로 바뀌면서 길이 좁아졌고, 이제는 죽으나 사나 과거 시험에 붙어야 하는군요."

노인이 더 설명하려는데 마당 건너 문 안쪽에서 비릿한 냄새가 훅 끼쳤다.

"안에서 소를 다 잡았나 보다. 이제 사러 가야지."

그때 녹색 관복을 입은 남자가 우치와 꼽살이를 지나 노인을 밀치며 들어왔다. 아무도 보이지 않는다는 듯 고개를 쳐들고 문 안쪽을 향해 소고기를 달라고 소리쳤다. 노인이 화가 나 발을 굴러 가며 소리쳤다.

"이 버릇도 예의도 없는 놈, 먼저 와 기다리는 게 보이지 않느냐!"

"아니, 누구신가? 정 서생 아니십니까? 아이고, 아직도 과거를 보러 다니시는군요. 그만하면 이제 관직과는 인연이 없나 보다 하고 다른 길을 찾지 그러셔요. 사, 농, 공, 상 가리지 않고 양인이면 모두 과거를 볼 수 있는 세상이라고 해서 이렇게 나이 드신 분이 관직을 하려 들면 어찌합니까."

고려 때는 귀족들이 주로 문과 과거를 볼 수 있었고 일반 백성들은 기술과 시험만 치는 것이 가능했다. 그런데 한양에 와 보니 양반 옷차림이 아닌 아이들도 책을 끼고 서당에 다니는 것을 종종 봤다. 왜 그런지 이유를 이제 알았다. 노인이 맞받아쳤다.

"양인 이상이면 법적으로 모두 응시할 수가 있어. 법이 안 가린다는데 자네가 왜 난리야?"

꼽살이가 녹색 관복을 입은 남자 얼굴을 보고는 놀랐다. 아침에 본 민 교리의 친구 권 참봉이었다. 권 참봉은 아침의 궁색한 표정과 정반대로 거만함이 뚝뚝 흐르는 표정을 짓고 있었다. 아는 사이인지 노인이 목소리를 낮췄다.

"아, 자네로군. 지난 과거 시험을 같이 치르고 어찌 되었나 궁금했는데 자넨 합격했구먼. 부럽네."

"합격했다마다요. 제가 옆에서 시험을 치면서 시원하게 답을 쓰는 거 보셨잖습니까. 당당히 상위 등수로 합격하여 지금 예문춘추관에서 대교 일을 보고 있습니다, 허엄."

"그, 그렇구먼. 잘 되었네……."

권 참봉이 거짓말을 하는 줄도 모르고 노인은 기가 죽었다. 권 참봉은 보란 듯 안으로 걸어 들어가며 소리쳤다.

"여보게, 쇠고기 열 근만 주게."

고기를 사러 온 사람과 지나가는 사람들이 섞여, 펼쳐진 광경을 구경하다 한마디씩 했다.

"젊은 사람이 거만 떨만 하군. 누구는 40년씩 해도 관직의 끝자락도 구경 못 하는데 저 젊은 사람이 청요직이라니."

"그러게, 저 노인은 부끄럽겠어."

사람들 소리를 듣고 있던 꼽살이가 길 끝까지 슬그머니 걸어갔다가 되돌아 헐레벌떡 뛰어왔다. 우치는 왜 저러나 싶어 쳐다보고만 있었다. 꼽살이가 사람들을 요란스럽게 재치고 소리쳤다.

"권, 참, 봉 나리. 쇠고기를 빨리 사 오지 않으면 문음으로 얻은 관직도 빼앗아버리겠다고 그러십니다. 빨리 서두르셔요!"

우치는 꼽살이의 너무 속 보이는 연극이 웃겨 마구 웃고 싶었지만 꾹 참았다. 권 참봉이 소리쳤다.

"넌 누구냐?"

"누구긴요. 참봉 어른이 일하시는 사옹방 노비입지요."

권 참봉의 붉으락푸르락하는 얼굴을 보고는 웃음이 터져 나올까 봐 우치는 고개를 돌렸다. 노인이 꼽살이 말을 듣고는 권 참봉을 노려보았다.

"문음으로 들어갔다고?"

기가 확 죽었던 노인의 표정이 살아나자 우치도 도와야겠다 싶어 거들었다.

"권 참봉 나리, 민 교리 댁에서 보고 또 뵙네요. '이번 과거에 꼭 붙어야 할

텐데.'라며 저희 민 교리 나리가 얼마나 걱정하는지 모릅니다."

권 참봉은 쇠고기 사는 것을 포기하고 몸을 돌려 달아났다. 구경하던 사람들의 혀 차는 소리가 반촌 어귀까지 울려 퍼졌다. 그날 밤 우치는 고려와 조선의 벼슬아치를 뽑는 방식을 비교해 보았다.

◆ 우치가 알아낸 정보

조선에서는 믿음보다는 과거 시험을 봐야 한대요

오늘은 반촌에 갔다가 평생 과거 시험을 준비하는 노인을 만났어요. 고려 때부터 과거를 보기 시작해 조선으로 바뀐 지금까지도 시험만 있으면 치르신다는군요. 듣자 하니 조선에서 관리가 되는 것은 고려 때와 좀 다른 것 같아요.

문과

무과

잡과

조선의 과거 시험은 크게 문신들을 뽑는 문과, 무신들을 뽑는 무과, 의원이나 통역관 같은 기술직을 뽑는 잡과가 있어요. 그러니까 고려의 문과 시험과 잡과 시험이 그대로 내려오고, 승려를 뽑던 승과 시험이 사라진 거지요.

과거 시험은 원래 3년에 한 번씩 치르는 게 원칙이지만, 축하할 일이나 기념해야 할 일이 있을 때도 따로 열려요. 문과 급제자는 단 33명이라고 하니, 전국에서 열댓 살부터 나이 지긋한 노인들까지 몰려들어 응시하는 것을 생각하면 경쟁률이 어마어마하지요.

고려 때는 음서로 관리가 된 사람도 있었지요. 5품 이상 관리의 자제들은 과거 시험을 보지 않고도 관리가 되었던 거 기억하실 거예요. 조선에도 이런 특혜가 없어지지 않았더라고요. 단 5품이 아니라 2품 이상의 자제를 대상으로 했어요. 하지만 음서로는 높은 관직에 오르지 못하고, 좋은 자리를 꿰찰 수도 없어서 다시 과거를 치러야 해요. 합격할 때까지 계속 시험을 봐야 하죠. 과거 시험에 합격해 능력을 인정받지 못하면 평생 부끄러워하는 분위기랄까요?

오늘 제가 간 반촌이라는 곳은, 바로 그 과거 시험을 준비하는 교육 기관인 성균관 주변에 있었어요. 반촌은 개경에도 있었으니 할아버지도 아실 거예요. 개경의 마을을 그대로 옮겨 와서인지 반촌 사람들은 말투도 개경식이더라고요.

조선의 성균관은 고려의 국자감과 같이 나라에서 세운 최고 교육 기관이에요. 고려의 국자감도 한때는 성균관으로 이름을 바꾸었다가 다시 국자감이 되었대요. 국자감이 귀족 집안 자제들이 주로 입학했고 집안의 높고 낮음에 따라 반을 나누었던 반면 조선의 성균관은 집안을 가리지 않고 소과 시험에 합격한 사람이라면 누구나 입학할 수 있대요. 조선은 법적으로 양인 이상이면 누구나 과거 시험을 치를 수 있으니, 저도 집안을 숨기고 양인이 된다면 성균관에 들어갈 수 있을지 몰라요.

6장
가벼워진 어깨, 두둑해진 농부들의 주머니

한양에 온 지도 여러 달이 지났다. 제법 한양이 익숙해져서 종일 누비고 다녔는데 요 며칠 사이 우치와 꼽살이는 밖에 나가지 못했다. 추왕단 무리가 집을 기웃거리는 것 같았기 때문이다. 꼽살이가 걱정스러운 얼굴로 물었다.

"우리가 여기 있는 걸 눈치챈 걸까요?"

"내가 왕씨인 걸 알았다면 관병이 먼저 들이닥쳤겠지."

"주인 나리를 꾀려고 그냥 두고 보는지도 모르죠."

꼽살이 말이 그럴듯했다. 우치는 마음이 불안해졌다.

그날 오후, 퇴궐한 민 교리가 바삐 움직이며 짐을 꾸렸다.

"내일 한양 밖 외진 마을로 가야 한다. 사헌부 강 대감의 특별 명령이다. 토지 관련해서 그쪽 백성들 민심이 수상쩍다며 무슨 일인지 조사하고 오라고 하시는구나."

"왜 사관인 교리께 그 일을 시키셨어요?"

"조사하는 지역에 사헌부 관리들의 본가가 있는데 그쪽과 얽히지 않은 내가 적당하다고 본 게지. 여러 날이 걸릴 듯하니 넌 밖에 싸돌아다니지 말고 집안일이나 도우며 잘 지내라."

"그럼 저희도 데려가 주세요. 일하시는 데 분명히 도움이 될 거예요."

우치는 무뢰배들 눈을 피해 있는 게 낫겠다고 생각했다. 무뢰배들이 지켜보고 있지 않을 때 떠나는 게 낫겠다 싶어 말을 덧붙였다.

"조용할 때 마을에 숨어드는 게 조사하기 쉽지 않겠어요? 지금 출발해요."

"이 밤에? 하, 하긴. 그럼 도성 끝 주막에 머물기로 하고 출발하자. 꼽살이 넌 가서 식량을 좀 챙겨 오너라. 우치 너는 기록에 필요한 붓과 종이를 많이 챙겨 오고."

우치는 고개를 끄덕이고 짐을 챙겼다. 민 교리가 소매에서 종이를 꺼내 책상 위 책에 끼워 두었다.

"마침 땅에 대한 상소를 올리려고 했는데 조사에 나서게 되었구나. 이 글은 조사하고 나서 더 고친 후 올려야겠다."

우치는 민 교리가 한눈판 사이 얼른 글을 읽어 보았다.

감히 말씀 올립니다.
고려 시절 권문세족이 양민의 땅을 빼앗아 자신의 것과 합쳐 거대한 농장을 이루고 부를 누렸습니다. 그들의 땅은 한 마을을 이룰 때도 많고, 경계가 산이나 강으로 이루어지곤 하니 온종일 걸어도 끝을 볼 수 없었습니다.
이제 나라가 바뀌어 이들의 땅을 모두 돌려받아 원래 주인을 찾아주고 나머지는 나라의 땅으로 관리하고 있습니다. 그런데 일부 지역에서는 땅문서를 내지 않고 넓은 땅을 운영하기도 합니다. 지역 관아와 결탁하고 마을 주민들의 입을 막아 여전히 옛 권력을 휘두르고 있으니 도적과 같다 하겠습니다. 조선 땅 구석구석 조정의 힘이 미치지 않은 곳에는 이런 행태가 많으니 모두 찾아내서 원칙대로 시행함이 옳을 줄 아옵니다.

한밤중에 목적지에 도착했다. 세 사람은 주막에서 하룻밤 자고 꼭두새벽에 밖으로 나왔다. 신분을 숨기기 위해 모두 허름한 옷을 입고 일부러 검댕이를 여기저기 묻혔다. 민 교리는 여기저기 둘러본 후 밭일을 하는 농부들에게 다가갔다. 농부는 민 교리를 보자 긴장했다. 우치와 꼽살이까지 다가서자 묻지도 않는 말을 했다.

"이제 막 씨를 뿌렸습니다. 아직 여물려면 멀었습니다. 지난번 수확한 것은 이미 다 가져가셨고요."

"무슨 소리요?"

"이 만호 댁에서 나오신 거 아닙니까? 세를 걷어 갈 게 있나 하고요."

신분을 숨기라는 지난 밤 말이 떠올라 우치가 나섰다.

"뜨끔, 세를 걷어 가려고 나온 거 맞긴 해요. 그런데 가져갈 게 없네요."

"없어요, 없어. 보름 전에 벌써 갖가지 이유를 대며 여덟 번째 걷어 갔어요. 농사를 죽도록 짓고도 우린 먹을 게 하나도 남지 않았답니다."

민 교리는 논밭을 둘러보고 물었다.

"이 일대가 전부 이씨 성의 만호를 지낸 사람의 땅이오?"

"아시지 않습니까? 저쪽 산에서 이쪽 하천까지 전부 그 댁 땅입니다."

간밤에 본 민 교리의 상소에 아직 고려의 권문세족 같은 자들이 남아 있다더니 이 만호가 그런 사람인가 보다. 한 사람이 마을이나 산과 들을 통째로 차지하고 그 땅을 빌려주어 열 개 중 아홉 개를 세로 걷어 갔다고 하니 해도 너무했다. 권문세족은 산과 강을 경계로 삼을 만큼 넓은 땅을 가져서 백성들은 송곳 꽂을 땅도 없었다고 했다. 먹고살려고 산속 황무지를 개간하면 그것까지 모두 빼앗아 갔다. 조선이 세워지기 직전 정도전을 비롯한 사대부들이 권문세족의 땅문서를 모두 불태워 버리고 땅을 나누었는데 교묘하게 빠져나온 자들이 설치는 것 같다고 민 교리가 이를 갈았다.

　세 사람은 점심을 먹을 겸 주막에 들렀다. 정보를 얻기에는 주막이 최고라고 하면서. 주막 주인이 밥을 내오며 신난 듯 권했다.

　"맛있는 이밥입니다. 많이들 드시우.

아유, 보기 드물게 잘생긴 양반일세."

민 교리가 칭찬에 으쓱하며 웃었다. 꼽살이가 눈치 없이 끼어들었다.

"뒷말은 나리가 아니라 저기 잘생긴 사람을 보며 한 말 같은데요?"

주막 주인이 벌써 건너편 남자에게 다가가 떠들고 있는 것이 보였다. 우치가 낄낄대다 물었다.

"머쓱, 근데 이밥이 뭐예요?"

"고려 말에는 세금을 열 번 중의 아홉 번은 떼 가서 먹을 게 남지 않았는데 이 씨가 조선이라는 나라를 세운 뒤 상황이 바뀌었단다. 이제는 농사를 지으면 생산량의 10분의 1만 떼어 가니 먹을 쌀이 생긴게지. 고려 시절은 꿈도 꾸지 못한 흰쌀밥을 먹게 된 거야. 그래서 이 씨가 준 밥이란 뜻의 이밥이라고 부른단다."

"고려도 처음에는 10분의 1만 걷었다면서요. 조선도 나중에 고려 말처럼 되지 말라는 법은 없잖아요. 그럼 이밥이 아니라 다른 이름이 될지도?"

조선은 법으로 확실히 정해 놓은 데다가 땅의 질이나 그해 날씨도 조사해 세금을 매기니까 걱정이 없다고 민 교리가 맞받아쳤다.

둘이 이야기를 나누는 동안 꼽살이가 사람들 틈을 돌아다니며 이 만호에 대해 알아 왔다. 이 만호는 고려의 권문세족처럼 집안의 남자 노비들을 시켜 핑계만 있으면 사람들을 때린 후 땅을 빼앗고 세금을 몇 번씩이나 걷었다고 했다. 관아에 고발해 봤자 소용없었는데, 관리들이 이 만호의 뇌물을 받고는 농민들의 말을 들어주지 않을 뿐 아니라 자식들이 이 만호의 노비로 끌려가 있어 절대 누구에게도 밝히지도 못한단다. 어찌나 자세히 알아 왔던지 우치가 놀라며 칭찬했다.

"아무 데나 잘 끼어들고 엿듣더니 정보 캐 오는 것에 이렇게 능력을 발휘하는구나. 아주 물 만났네, 물 만났어."

꼽살이의 말을 듣고 민 교리는 생각에 잠겼다. 한참을 궁리하더니 무릎을 치고는 몸을 바짝 숙이며 속삭였다.

"아무래도 함정을 파서 현장을 덮쳐야겠다. 그 방법이 아니고서는 증거를 찾기 힘들겠어."

"함정이요?"

"그래. 나는 이 만호의 손이 못 미치는 이웃 관아에 가서 관졸들을 데리고 오마. 우치 너는 손 빠른 사람을 찾아 빈 가마니에 짚을 잔뜩 채운 것을 여러 개 주문해라. 그리고 그것을 눈에 잘 띄는 논밭 옆에 쌓아두어라. 여기 돈."

"저는요?"

꼽살이 말에 민 교리가 눈에 힘을 주고 답했다.

"네 역할이 중요하다. 넌 이 만호 집 근처에서 돌아다니며 누군가 엄청나게 많은 쌀을 수확하고 곡식을 빼돌렸다고 소문을 내거라."

셋은 각자 맡은 일을 하러 출발했다. 얼마 지나지 않아 밭 주위에 불룩한 가마니가 쌓였다. 우치는 일부러 보이지 않게 짚더미로 가마니를 덮어 놓았다. 몇몇 사람이 급하게 오가며 그것을 확인했다. 민 교리는 데리고 온 이웃 고을의 관졸들과 함께 숨어서 상황을 지켜보았다.

한참 후 몽둥이를 든 남자들이 빼빼 마른 농부 하나를 끌고 와 무릎을 꿇렸다.

"만호 나리가 화가 많이 나셨다. 나리를 속이고 곡식을 숨기다니!"

이 만호네 노비들이 분명했다. 우치와 꼽살이는 노비 중 추왕단 무리 몇몇이 섞여 있는 것을 보고 깜짝 놀랐다.

무리는 농부를 두들겨 패려고 했다. 끌려온 농부는 고개를 처박고 싹싹 빌기만 했다. 그때였다. 민 교리가 신호를 보내자 관졸들이 나서 몽둥이 든 남자들을 붙잡았다.

"이놈들을 잡아 한양으로 압송하라. 아직도 땅을 숨기고 제 배만 불리는 것은 분명 나라님을 속이려는 의도가 분명하다. 죄의 시작이 어디인지 낱낱이 밝히도록 하겠다. 우치, 너는 농부를 안심시키고 돌려보내도록 해라!"

우치는 추왕단 무리가 알아볼까봐 쭈뼛거리며 앞으로 나섰다. 다행히 우치와 꼽살이를 보고도 추왕단 무리의 표정은 아무런 변화가 없었다. 꼽살이가 속삭였다.

"그러니까 어떻게 된 것이쥬?"

"저자들은 우리를 몰라. 민 교리 집 앞을 서성인 건 우리 때문이 아니라 사건을 맡은 민 교리 때문인 것 같아. 우린 우리 할 일을 하자."

잠시 후 대감이라도 된 듯 높은 탕건을 쓴 두꺼비 같은 남자가 끌

려왔다. 남자가 소리치며 반항했다.

"네, 네 이놈들. 내가 누군 줄 알고!"

남자를 주저앉히고 민 교리가 다시 소리쳤다.

"만호 이갑수! 돌려주어야 할 땅을 숨긴 것이 첫 번째 죄요, 소작료를 법으로 정한 것보다 몇 배나 받아 농민들을 괴롭힌 것이 두 번째 죄다. 누가 뒤를 봐주었고 어디까지 일을 시켰는지 실토해야 그나마 더한 벌은 면할 것이다. 당장 끌고 가!"

이 만호와 그 노비들은 이웃 관아의 옥에 가두었다. 그날 밤 내내 민 교리는 이 만호네 노비들과 피해를 본 농민들을 불러 심문을 했다. 날이 밝을 때쯤 상관에게 올리는 보고서를 마쳤다. 우치가 궁금해서 물었다.

"어떻게 보고하셨나요?"

"사실대로 썼다. 조선으로 바뀌기 직전 정도전, 조준 대감이 지금 임금의 명령을 받고 토지 개혁을 했다. 권문세족의 땅문서를 모두 모아 불에 태우고 새로운 관리들에게 나누어 주었지. 이 만호는 그때 용케 땅문서를 빼돌렸더구나. 그리고 조정의 눈을 피해 농민들을 못살게 군 것이고."

"그런데 어떻게 숨겼을까요?"

"그러게나 말이다. 이 만호가 마을에서 권력을 잡고 있으니 밖으로 새어 나가지 못하게 막았을 게다. 하지만 거기에 조정의 높은 관리가 분명히 그자를 보호하고 있어. 나중에 강 대감께서 누군지 꼭 밝혀내실 거다."

일을 마치고 한양을 향해 가다 산 하나를 넘게 되었다. 꼼살이가 갑자기 우치의 소매를 붙잡았다.

"도련님, 방금 뭐 못 느꼈어요? 뒷덜미가 쎄해지면서 누가 지켜보고 있다는 느낌이 자꾸 드는데요?"

"너도? 나도야. 집에 있을 때는 도르겠는데 특히 한양 밖으로 나오면 누군가 지켜보고 있는 느낌이 들어."

"맞아요. 그림자 하나가 서 있다가 돌아보면 사라진다고요. 혹시 추왕단?"

"잡혀간 놈들 말고 더 남았나? 아무튼 조심하자."

둘은 뒤를 힐끔거리며 산을 올랐다. 같이 모여 산에 오르는 사람들이 이런저런 수다를 떨었다.

"이번에 이 만호는 땅을 다 뺏길 거라고 하더군. 나라 땅이 되면 법대로 세금을 걸을 테니 백성들의 부담이 엄청나게 줄어들 거야. 그쪽 농민들은 아주 복이 터졌더라고."

"그러게 말일세. 듣자니 이제 나라에서 가뭄에 대비해 둑을 만드는 것도 나서서 하고, 황무지를 개간하고 새로운 농사법을 시도한대서 다들 기대가 이만저만이 아니야. 부러워 죽겠어."

"한양에서 온 분이 다 해결했다는 소문이던데 누가 그렇게 영특하고 현명하신지 궁금하이."

"누가 얼굴을 본 것 같은데 임금과 강 대감이 믿고 보낸 사람이라 그런가 젊고 잘생겼다고 그러더군."

조용히 그들의 수다를 듣다가 우치가 말했다.

"에이, 무슨 소리! 다 헛소문이에요. 잘생기다니 잘못 봐도 한참 잘못 봤네요. 그분 얼굴을 보면 '아! 뭣 때문에 임금님이 아끼시는지는 몰라도 얼굴 때문은 아니구나.' 싶으실 겁니다."

우치 말에 꼽살이가 조용히 낄낄거렸다.

◆ 우치가 알아낸 정보

조선은 토지 제도를 과전법으로 싹 바꿨더라고요

고려와 조선은 토지를 관리하는 특별한 제도가 있어요. 관리들에게 일한 대가로 땅을 나누어주고, 그 땅에서 농민들에게 농사짓게 해 세금을 걷을 수 있는 권리를 준 거죠. 고려 때 이 제도를 전시과라 했어요.

전시과는 점점 변질되었어요.

관리들은 죽거나 관직에서 물러나면 땅을 나라에 돌려줘야 했지만, 점차 자기 마음대로 소유하거나 심지어 힘없는 사람들의 땅까지 강제로 빼앗았어요. 그 땅에서 농사짓는 백성들은 생산량의 10분의 1을 세로 내면 되었지만, 여러 이유로 심하게는 10분의 9 이상을 뜯겼어요. 권문세족은 고래등같은 집에서 세상의 온갖 귀하고 맛있는 음식을 쌓아두고 먹었던 반면, 백성들 대부분은 종사지은 곡식을 구경해 보기도 전에 다 빼앗기고 남은 잡곡을 긁어 먹다 봄이 올 때까지 풀과 뿌리로 목숨을 이어 가야 했어요.

고려 말 이성계와 신진 사대부가 권력을 잡자 문제가 되었던 전시과를 폐기하고 과전법을 시행했어요. 권문세족의 권력을 빼앗고 신진 사대부의 힘을 실어 주기 위해서였지요. 정도전, 조준 대감은 전국의 땅을 다시 조사하여 권문세족이 불법으로 가진 땅을 모두 빼앗고 신진 사대부에게 다시 나누어주었죠. 이 과전법이 조선이 세워진 뒤에도 그대로 이어졌어요.

과전법은 전시과와 달라요.

고려의 전시과가 전국의 땅을 대상으로 한 반면, 과전법은 경기도 땅만을 관리들에게 나누어 주었어요. 세금을 걷을 때도 반드시 10분의 1만 농민에게 받도록 했어요. 또 나라를 세우는 데 공을 세운 신하들(개국공신)을 빼고는, 죽으면 받은 땅을 반드시 나라에 돌려주도록 했어요. 덕분에 국가 재정은 튼튼해지고 농민들의 부담은 줄었어요.

 조선은 끝까지 정해진 규칙을 잘 잘 지켰으면 좋겠네요.

7장
엎드리고 구슬리는 외교

추왕단이 왜 이 만호네 일에 끼어들었는지는 나중에 밝혀졌다. 알고 보니 황 정랑은 이 만호의 조카로 자기 외삼촌을 돕기 위해 추왕단을 보낸 것이었다. 그 지역 농민들에게 얼굴이 알려지지 않은 추왕단 무리를 보내야 일을 벌인 뒤 빠져나오기도 쉬울 테니까.

황 정랑은 과거 시험에서 민 교리에게 뒤지고, 저하의 글동무를 뽑는 경연에서도 마음처럼 되지 않자 계속해서 민 교리를 시샘해 왔다. 그런데 자기 외삼촌을 돕는 일까지 방해받자 미움이 극에 달했다. 그럼에도 민 교리는 황 정랑의 반응에 눈 하나 깜짝하지 않고 끝까지 사건을 파고들었다. 물론 황 정랑이 발뺌하는 바람에 애를 먹기는 했지만.

"이번 기회에 황 정랑의 구린 점을 다 들춰내야 했는데 황 정랑은 현장에 있던 추왕단 무리를 전혀 모른다고 잡아떼고 있다. 심증만 있고 물증은 없으니……."

그 뒤 민 교리는 며칠째 집에 오지 못했다. 우치와 꼽살이는 내내 집안에만 있다가 오래간만에 밖으로 나왔다. 전날 밤 예문관 심부름꾼이 민 교리의 갈아입을 옷을 가지러 왔다가 해준 말이 있었다. 민 교리는 외국 사신단들이 연속으로 와서 당고개 쪽 보제원에 갔다는 것이다. 우치는 민 교리가 당분간 추왕단 수사를 못하게 될 것 같아 정보를 얻는 데 도움이 될까 싶어 시장에 가보기로 했다. 시장 큰길에 서서 주변을 죽 둘러보더니 꼽살이가 신기한 듯 말했다.

"개경과 한양은 시장도 참 많이 달라요. 그쵸? 개경에서는 왁자지껄한 와중에 외국말이 참 많이 들렸는데. 저 어릴 때는 명나라 사람이랑 왜나라 사람이랑 서로 자기 말로 싸우는 것도 봤다니까요?"

"나도 할아버지한테 들었어."

"여기는 우리말 딱 하나만 들리지요?"

"그래서 편한 것 같기도 하고, 이렇게 살다간 우물 안 개구리가 될 것도 같고 그렇다. 불안 불안, 답답."

수다를 떠느라 앞을 제대로 안 보고 걷다 누군가와 부딪혔다.

"아악! 찌릿, 욱신욱신."

"이놈아, 앞 좀 잘 보고 다녀!"

우치는 따지려다 상대의 얼굴을 보고 바로 몸을 비틀었다. 추왕단 중 한 명이었다. 이 만호네 일로 아직 붙잡혀 있는 줄 알았는데 벌써 풀려났다니 놀라웠다. 이 만호네 노비가 도와달라고 해서 얼결에 끼어들었을 뿐이라며 발뺌을 했다는 소리를 들은 것이 생각났다. 꼽살이도 그자들을 알아보고 뒷걸음질을 쳤다. 우치는 미안하다며 고개를 푹 숙이고 얼굴을 보이지 않았다.

추왕단 사내 뒤로 같은 무리 중 하나가 나타났다.

"여기서 뭐해? 놈이 당고개에 있대. 황 정랑한테 연락 왔다고."

얼굴에 칼자국이 있는 남자가 눈을 반짝이며 소식을 전하자 부딪쳤던 사내는 우치에게 눈길도 주지 않고 몸을 돌렸다.

꼽살이가 눈을 동그랗게 뜨고 속삭였다.

"당고개라고 했죠? 혹시 민 교리에게 보복하려고 가는 거 아니에요?"

우치와 꼽살이는 잠시 망설이다가 조심스럽게 사내들 뒤를 밟았다. 가는 길에 여러 사내가 하나둘 나타나더니 대여섯 명이 되었다. 무리는 마을 여러 개를 지나고 산길로 접어들었다. 무뢰배들은 시장통에서만 활약해서인지 산을 타지 못했다. 하지만 한참을 따라가다 방심한 틈에 그만 놓치고 말았다.

무뢰배를 찾아다니다 뜻밖의 사람을 만났다. 민 교리였다. 꼽살이가 반가워하며 물었다.

"아니, 여기 웬일이세요?"

"외국 사신 접대를 맡았다는 말 못 들었냐? 능력이 너무 출중해도 문제야. 몸은 하나인데 임무가 너무 여러 개라."

"그런데 사신을 산에서 맞이하나요?"

"원래는 저 아래 보제원에서 맞이하지. 사신이 도착해서 옷도 갈아입고 쉬고 있으면 내가 가서 데리고 궁에 가는 건데 어찌 된 일인지 나타나지 않지 뭐냐. 혹시 산에서 뭔 일 생겼나 싶어 찾으러 왔단다."

민 교리는 뒤에 늘어선 관병들을 가리키며 답했다.

"추왕단 놈들이 이쪽으로 온다고 해서 혹시 민 교리 나리를 해코지하려고 하나 싶어 쫓아왔어요."

"추왕단 놈들이? 아니 너희들이 쫓아와 봤자 그놈들이 해코지하는 것을 무슨 수로 막으려고? 마음은 고맙다만 너희들 몸이나 간수 잘해라. 하하하."

"그냥 혹시나 하는 마음에 급하게 쫓아온 거죠. 그나저나 저들의 목표는 민 교리 나리가 아니었나 보네요."

우치가 발아래를 살펴보며 말했다. 흙바닥에 사람 발자국이 어지럽게 찍

혀 있었다. 많지도 적지도 않게 딱 대여섯 명 정도의 발자국이었다. 추왕단 무리의 흔적일 가능성이 컸다. 민 교리보다 먼저 산을 올랐다는 것은 다른 목표를 찾고 있다는 뜻이었다. 우치는 꼽살이에게 눈빛을 보냈다.

'그럼 혹시 할아버지가 나타나신 건가?'

우치와 꼽살이는 바로 발자국을 따라 뛰었다. 민 교리가 뒤에서 소리를 질렀다.

"아니 나를 보러 온 줄 알았더니 어딜 가? 어디 가냐고!"

두 사람은 계속 발자국만 따라갔다. 땀이 자꾸 나는 것이 힘이 들어서인지 추왕단이 말하는 놈이 할아버지일까 봐 걱정돼서인지 알 수 없었다. 산길이 갈수록 험해졌다. 한양을 벗어나자마자 이렇게 높은 산이 있다니 놀라운 일이었다. 골짜기가 갈라지는 곳에 꽤 너른 평평한 땅이 나타났다.

"도련님, 저기 봐요."

꼽살이가 가리킨 곳에서 시끌벅적한 소리가 들렸다. 우치와 꼽살이는 얼른 바위 뒤로 몸을 숨겼다.

한 무리가 시끄럽게 떠들며 언덕을 올라왔다. 그런데 이상했다. 말을 탄 사람과 그 곁에서 호위하는 사람들이 특이한 옷을 입고 있었다. 그들이 끌고 가는 수레에는 사냥한 짐승들이 아니라 귀해 보이는 물건들이 있었다. 그리고 모두 머리 한가운데를 길을 내듯 밀어 놓았다. 우치가 살펴보다 입을 제 손으로 틀어막았다. 그러곤 꼽살이에게 속삭였다.

"왜구의 옷이 틀림없어. 왜구들이 여기까지 침략했구나."

왜구는 할아버지가 지긋지긋하다며 미워하던 대상이다. 쓰시마 섬과 그 주변의 작은 섬들에서 주로 활동하는 왜구들이 수십 명에서 수백 명씩 무리를 지어 수시로 고려 땅에 쳐들어왔단다. 왜구는 해안가는 물론 본토 깊숙이 쳐들어와 마을마다 불을 지르고 사람들을 죽였다. 백성들의 재물을 빼앗아 가는 것은 물론, 세금을 실은 배를 공격하기도 했다. 할아버지 말에 따르면 배를 하도 빼앗겨 고려 조정이 휘청거릴 지경이었고, 백성들도 도저히 살 수 없어 살던 마을을 통째로 비우기도 했단다.

우치가 다시 속삭였다.

"왜구들이 얼마나 지독했냐면, 산속에 올라와 성을 쌓고 진을 치며 지내다가 마을로 내려와서 재물을 약탈하고는 산에다 재물을 쌓아 뒀대."

꼽살이가 입을 떡 벌리고 듣다가 몸을 부르르 떨었다. 왜구가 얼마나 백성들을 못살게 굴었는지 고려인이라면 다 알고 있다. 호랑이는 피할 데라도 있지 왜구는 징글징글할 정도로 나타난다고도 했다. 꼽살이가 속삭였다.

"그럼 보고만 있으면 안 되잖아요. 가서 민 교리 나리를 찾아 왜구들이 나타났다고 알려야지요."

"하지만 추왕단 놈들이 쫓는 사람이 할아버지가 맞으면 어떡하지? 벌써 그놈들에게 잡혔으면?"

왜구를 보고 그냥 갈 수도 없고, 그렇다고 추왕단을 놓칠 수도 없어 난감했다.

"눈앞의 문제부터 해결하자. 내가 왜구를 붙잡아 놓고 시간을 끌 테니까 너는 빨리 민 교리를 모셔와."

꼽살이가 고개를 세차게 끄덕이고 조심스럽게 내려갔다. 우치 혼자 남아 바위 뒤에 딱 붙어 열심히 궁리해 보았다. 다리 밑이 근질거려 왔다. 내려다보니 손가락만 한 벌레 하나가 다리를 타고 기어 올라오고 있었다.

"아악!"

우치는 벌떡 일어나 다리를 털었다. 얼마나 오두방정을 떨었는지 발이 미끄러져 뒤로 굴렀다. 한 번 구르기 시작하니 멈출 수가 없었다. 언덕을 떼굴떼굴 굴러 사람들 한가운데 코를 박고 엎어지고 말았다. 뒤통수로 조선말이 꽂혔다.

"너 뭐냐?"

우치는 고개를 번쩍 들었다. 조선옷을 입은 사람이 눈에 들어왔다. 대꾸를 못 하고 속으로만 생각했다.

'고려인 중에서도 왜구들 앞잡이를 하며 살아가는 놈들이 있다더니 이 자도 그중 하나인가 보군.'

순간 언덕 위 수풀이 흔들렸다. 얼굴 하나가 위로 쑥 올랐다가 내려가는 게 보였다. 시장에서 본 칼자국 있는 사내였다. 우치가 고래고래 소리를 질렀다.

"저, 저기요. 산적! 산적이 여러분을 노리고 있어요!"

왜구들이 놀라 벌떡 일어섰다. 칼을 든 무사 몇 명이 앞으로 뛰어나오더니 칼을 뽑아 들고 언덕을 향해 겨누었다. 추왕단 무리가 그 모습을 보고는 스르륵 일어나서 아래로 내려왔다. 싸우려하기 보다는 뭔가 설명하려는 것 같았다. 하지만 왜구들은 산적이란 소리를 이미 들었던 터라 전투태세를 풀지 않았다.

우치는 갑자기 흥미진진해졌다. 양쪽의 긴장감이 팽팽해져 금방이라도 툭 끊어질 것 같았다. 그 순간 빠른 발걸음 소리가 다가왔다.

'흠칫, 깜짝!'

꼽살이가 맨 앞에, 민 교리와 관병들이 뒤이어 뛰어오는 모습이 보였다. 대치 중이던 왜구와 추왕단도 놀랐는지 얼어붙었다. 추왕단이 관병들을 보고는 몸을 돌려 도망쳤다. 민 교리가 얼른 쫓아가라고 외쳤다. 그러고는 고개를 갸웃거리며 물었다.

"저놈들, 어디서 많이 봤는데? 산적 얼굴을 내가 어떻게 알지?"

"산적이라니요. 추왕단이잖아요."

"아, 저번에 잡았다 풀어 준 녀석들. 그런데 직업을 바꾸었나? 왜 산적질을 하지?"

우치는 추왕단이 누구를 쫓는지 파고들까 봐 가슴이 철렁했다.

"지금 그거 생각하실 때에요? 저기 왜구들이라고요. 여기까지 쳐들어왔다고요!"

"왜구라고? 아! 여기에 계셨군요. 한참 찾았습니다."

민 교리가 갑자기 다가가 왜구 대표로 보이는 자에게 깍듯이 인사를 했다. 그러고는 우치의 머리를 콩 때렸다.

"으이그, 왜구라니 지금이 고려인 줄 아나. 이들은 왜구가 아니라 왜나라에서 온 사신들이다. 고려 때나 왜구가 산속에서 진을 쳤지, 지금 어느 시대인데. 혹시 산적을 오해하고 그런 소리를 하나 싶어 관병들을 데려왔더니만, 쯧쯧."

왜인들은 통역관에게 몇 마디를 듣더니 조선 관리라며 반가워했다. 민 교리는 사신을 이끌고 산 아래로 안내 했다.

민 교리는 보제원에 도착해 왜 사신들을 쉬라고 들여보냈다. 같이 궁으로 가기 위해 기다리는 동안 우치가 민 교리에게 이것저것 물었다. 민 교리가 대답했다.

"조선은 사대교린 외교를 한다. 힘이 센 명나라에는 몸을 낮추고, 힘이 약한 왜나 여진은 포용하고 달래는 정책이지. 그래서인지 왜구가 전처럼 우리 땅에 출몰하는 일은 별로 없어. 여진족도 마찬가지고."

우치는 의욕이 너무 앞섰나 싶어 민망해졌다.

"그럼 이제 왜인을 봐도 도망치지 않아도 되겠네요?"

"왜구가 아예 사라지지는 않았지. 조선 건국 직후에도 해안가에 자주 나타났으니까. 하도 우리 백성들을 괴롭혀서 군사들을 보내 왜구의 본거지를 몇 번 쓸어버리기도 했지. 지금은 무척 조용하지만 나중에 또 어쩔지 모른다. 가장 큰 본거지인 대마도가 척박한 땅이라 농사를 망치면 도적들로 돌변하니까. 지금은 일단 그들의 특산품을 우리의 곡식과 바꿔 주며 달래고 있어서 평화를 유지 중이다."

우치는 처음엔 얄미운 왜구를 감싸 안으려는 태도가 이해되지 않았다. 하지만 생각해 보니 미워도 다시 한 번 기회를 주는 게 맞다. 왜구를 힘으로만 누른다고 사라질 리가 없다. 어디서 나타날지 모르는 왜구에게 당하는 것은 백성들이니 차라리 그들을 어르고 달랠 수 있다면 백성들도 안심하고 살 수 있을 거라는 생각이 들었다. 그래도 풀리지 않는 의문이 있어 다시 물었다.

"아무리 달래도 왜구들이 계속 바라기만 하고 몰래 해적질을 하면 어떻게 하지요?"

"네 말마따나 쉽게 그만둘 놈들이 아니지. 그럴 놈들이었으면 우리나라뿐 아니라 명나라까지 끊임없이 괴롭히지 않았을 것이다. 그래서 가끔 대대적으로 군사들을 이끌고 가서 본거지를 소탕해야지. 군사력은 우리가 우위니까."

고개를 끄덕이는 우치를 보고 빙그레 웃더니 말을 이었다.

"집에 가거든 오늘도 집에 못 들어간다고 전해라. 사신관에 다른 손님도 오기로 되어 있어. 명나라 사신 말이야. 아니 왜 동시에 와서 정신없게 하는지, 원."

우치는 답을 하려다 담장 근처를 돌아보았다. 보제원 담장 밖에서 누군가 우치를 보는 시선이 느껴져서다. 우치의 시선을 따라 민 교리가 고개를 돌리자 그림자가 바로 사라졌다.

'누구지?'

추왕단은 대부분 잡혀서 추왕단일리는 없는데 너무 궁금했다. 우치는 얼른 마음을 추스르고 간신히 물었다.

"명나라 사신이요?"

"그래. 우연히 겹쳤더구나. 명나라는 사대하는 나라다. 절대 비위를 거스르면 안 돼. 내일 함께 환영 잔치를 열 모양이다."

다음 날 밤 민 교리가 돌아왔다.

"사신들이 올린 글들이다. 너무 바빠서 기록할 시간이 없었어. 나중에 꼭

해야 하니까 잘 두어라."

우치는 문서들을 받아 정리하다 눈에 띄는 대목이 있어 읽어 보았다.

일본국 진서 절도사 원요준은 조선국 두 정승께 글을 올립니다. 귀국의 사신이 와 저희 상황이 좋아졌다고 봐 주시니 기쁩니다. 나아가서 좋은 토산물을 단자에 적힌 수대로 받으오니, 멀리서 후한 뜻에 감사할 뿐입니다. 도적을 금하라는 서신을 받았습니다. 일기도와 대마도의 도적 본거지를 소탕하려 오랫동안 힘을 기울였으나 해적들이라 정해진 집이 없어 추적이 매우 힘듭니다. 그러나 오늘날은 옛날과 비교하여 도둑들이 10분의 8, 9는 감소되었습니다. 만약에 여기서 더 군사를 보내 다스린다면 관계가 더 악화될까 염려됩니다. 바라옵건대 우리들이 생각하고 있는 변변찮은 계책이나마 그대로 맡겨 두면, 반드시 날뛰는 무리가 없어져 두 나라의 정이 마땅히 좋아질 것이니 헤아려 주십시오.

-일본국 진서 절도사 올림

민 교리께 물으니 일본국 진서 절도사란 왜나라 지도자 중 하나란다. 조선은 왜구를 직접 다스리지 않고 왜나라 본토의 지도자에게 맡겼다고 한다. 조선에서 평소에 선물을 보내 좋은 관계를 유지하면서 '당신들 땅에 사는 해적 집단이니 당신들이 좀 다스려라.'고 요청한 모양이다. 왜의 지도자가 조선으로부터 받은 선물에 대해 고맙다는 뜻을 전하고, 조선의 요청대로 해적들을 어느 정도 다스렸다는 보고였다.

'조선이 일본에게 살살 달래며 대마도 해적들을 소탕하라고 했는데 잘 되었나 봐. 이제 왜구가 10분의 1, 2 정도만 남았다니 정말 잘됐어. 조선 백성들은 왜구가 쳐들어올 걱정을 덜 해도 되겠어. 미운 놈 떡 하나 더 줬더니 정말로 효과가 있네.'

우치는 조선이 명나라에게는 어떻게 대할지 궁금해졌다. 조선은 명에게 '사대' 정책을 펼쳤다. 사대란 작은 나라가 큰 나라를 섬긴다는 뜻으로 공물을 보내는 외교를 말한다. 우치가 자존심 상한다고 했더니 민 교리가 설명해 주었다.

"고려는 송나라나 원나라와 동등하게 황제의 나라라고 스스로 내세웠다. 하지만 그건 나라의 힘이 강할 때 이야기지, 원나라의 침입으로 항복했을 때, 고려는 원나라의 신하 나라가 되어 정치적 간섭까지 받아야 했지. 조선은 황제국보다 한 단계 아래인 왕이 다스리는 나라지만 명나라의 뜻을 거스르지 않는다면 간섭을 받지 않고 독자적으로 살아갈 수 있다. 자존심 상한다고 맞선다면 민족 모두가 사라질 수도 있어. 그리고 사대를 하며 바치는 공물은 무조건 뺏기는 게 아니야. 가져가면 우리도 그에 맞는 선물을 받아 오니까 일종의 무역인 셈이야. 굴욕적일 게 전혀 없다는 말씀."

우치는 그제야 무언가 이해가 됐다. 조선은 무역을 금지하며 나라의 문을 닫아 놓은 줄 알았지만 공물을 바치고 선물을 받아 오면서 문물을 주고받았다. 꼭 닫혀 있는 것은 아니었다.

며칠 동안 우치는 민 교리의 일을 도왔다. 명 사신과 왜 사신이 한꺼번에 와서 오가는 물건을 정리하느라 일이 복잡했다. 우치는 민 교리가 따로 말하지 않아도 두 나라에서 온 물건을 나누어 기록하고 민 교리가 정리한 것과 비교해 틀린 것이 없나 맞추었다. 기록한 것을 올리자 민 교리가 살펴보았다. 한참을 보다가 고개를 갸웃거리더니 혀를 찼다.

"네 녀석이 어쩐지 꼼꼼하게 한다 했는데 다 해 놓고 두 나라를 바꿔 썼구나. 쯧쯧쯧. 그래도 그 많은 것을 불평 없이 해냈으니 끈기 하나는 인정해 주마."

◆ 우치가 알아낸 정보

조선은 사대교린 정책을 펴고 있어요

오늘은 조선이 주변 나라들과 어떻게 관계를 맺고 어떤 정책을 취하는지, 조선의 외교 정책에 대해 알아 왔어요. 할아버지도 무척 흥미로워하실 거예요.

고려 때나 지금이나 주변에 있는 나라들은 비슷해요. 늘 엄청난 강대국과 이웃하고 있죠. 고려 때는 몽골이 세운 원나라가 있었고 조선이 세워진 지금은 원나라가 멸망하고 명나라가 그 자리를 차지하고 있어요.

그런데 두 나라가 취한 자세는 사뭇 달라요. 고려는 무리한 요구를 하는 몽골에 굴복하지 않았고, 급기야 몽골군의 침략을 받았어요. 하지만 세계를 제패한 몽골에 결국 항복할 수밖에 없었죠. 고려 왕은 몽골이 세운 원나라의 공주와 결혼하면서 원나라 황제의 사위가 되었고, 고려는 정치적 간섭을 받아야 했어요. 작은 나라는 작은 나라대로 골치였지요. 여진족과 왜구 침입, 북쪽의 도둑 집단 홍건적까지 고려에 끊임없이 침입해 왔어요. 고려는 열심히 맞서 싸웠지만 다 막아내기에는 힘에 부쳐 백성들이 다치고 죽는 일이 많았어요.

조선은 고려를 보고 배운 탓인지 다른 입장을 취했어요. 강대국인 명나라에는 처음부터 자신이 신하 나라임을 인정하고 사대를 취했어요.

조선은 명나라에 해마다 조공을 바치고, 새 왕이 즉위할 때면 명나라 황제의 승인을 받아요. 대신 독립된 나라로 인정받고 정치적으로 간섭을 받지 않으며, 침략을 피할 수 있어요.

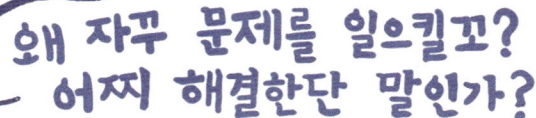

여진족이나 왜나라를 대하는 자세도 달라요. 조선은 이들을 힘으로 억누르는 대신 말썽을 일으키는 이유에 대해 생각했어요. 그 원인을 해결해 주면 문제를 덜 일으킬 것이라고 본 거죠.

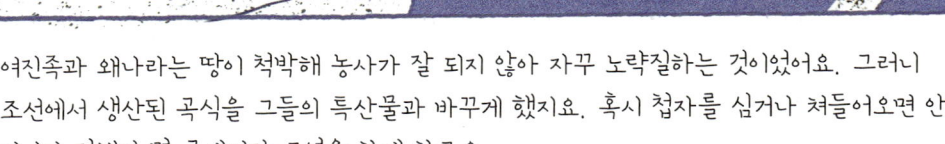

여진족과 왜나라는 땅이 척박해 농사가 잘 되지 않아 자꾸 노략질하는 것이었어요. 그러니 조선에서 생산된 곡식을 그들의 특산물과 바꾸게 했지요. 혹시 첩자를 심거나 쳐들어오면 안 되니까 정해진 몇 곳에서만 교역을 하게 하고요.

하지만 이러한 노력에도 왜구의 노략질이 계속되면 평소 좋은 관계를 맺어 둔 왜나라 본토에서 왜구를 잡아 다스리게 해요. 심하면 군대를 보내 무력으로 치고요. 그러자 조선으로 침략해 오는 일이 확 줄어들었고 조선 백성들은 평화롭게 살고 있어요.

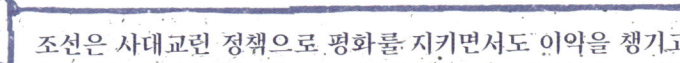

8장
찬물도 위아래가 있다나 뭐라나

"장승골에 가야 하니 준비해라."

계속 집에만 쳐박혀 있어서 바깥일이 궁금하던 차에 민 교리가 외출하자고 했다. 좋아서 입만 벙긋거리는 우치를 보고는 민 교리가 웃으며 말했다.

"입 좀 다물어라. 그리고 일하러 가는 것이니 너무 들뜨지 말고."

"무슨 일인데요?"

"사신들을 장승골로 안내하고 마을 구경도 시켜 주는 일이다. 장승골은 인삼이 특산물인 고장이다. 내 스승인 강 대감의 본가이기도 하고. 이번에 왜나라 사신이 인삼을 사 가려는데 어떻게 키우는지 보고 싶다고 조선에 닿기 전부터 편지를 보내 부탁했더구나. 해서 강 대감께서 하루 시간을 내서 왜인들을 초대했다."

우치는 모처럼 만의 외출에 마음이 들뜨면서도 한편으로 불안했다. 한양 밖을 나갈 때면 주변을 어슬렁거렸던 검은 그림자의 정체가 궁금해 미칠 지경이었는데 드디어 맞닥뜨릴지 모른다는 생각이 들었다. 아니나 다를까 장승골로 가는데 그림자가 어른거리는 듯한 느낌이 살짝 들었다.

'검은 그림자의 정체가 무엇이든 이번에는 꼭 누군지 알아야겠어.'

우치와 꼽살이는 군말 없이 민 교리를 따랐다. 장승골에 도착했을 때는 막 오후로 넘어가고 있었다. 왜 사신은 이미 도착해 있었다. 민 교리는 강 대감 댁에 자주 드나들었는지 능숙하게 여기저기를 돌아다녔다. 안쪽으로 가다가 멈춰 서더니 우치와 꼽살이에게 일렀다.

"여기부터는 안채다. 아녀자들이 머무는 곳이라 외간 사내들은 들어가면 안 된다."

"안채요? 언제부터 그런 법이 생겼대요? 저는 교리님 집에서 작은 마님 계신 곳에 자주 들락거렸는데?"

"그거야, 넌 어린 데다가 부인이 널 조카쯤으로 생각하지 않냐? 이 집 주인 강 대감은 특히나 엄격한 유학자라 일곱 살만 돼도 남자와 여자는 한 공간에 있는 것을 금지해야 한다고 주장하시지."

민 교리가 설명하는데 꼽살이가 어디를 가리켰다.

"저기 저 소녀는 일곱 살은 넘은 것 같은데 바깥채를 마구 돌아다니는데요?"

"어, 어디? 흠, 저 아이는 강 대감 손녀 이현이다. 저 아이는 좀 예외다. 왜인지는 묻지 말고."

민 교리는 화제를 바꾸려는 듯 다른 곳으로 아이들을 잡아끌었다. 우치는 따라가면서도 이현이라는 소녀를 돌아보았다. 이현도 가다 말고 우치를 유심히 보았다.

민 교리를 따라간 사랑방 앞마당에는 강 대감과 사신단들이 밖으로 나와 서 있었다. 민 교리가 사신단을 안내하러 나서자 우치와 꼽살이는 갑자기 배가 아프다며 남겠다고 했다. 사람들과 모여 있으면 검은 그림자가 나타나지 않을 것 같아서였다. 민 교리는 심부름시킬 사람이 없어 서운해했지만 어쩔 수 없었다.

우치와 꼽살이는 민 교리를 보낸 뒤 밖으로 나와 마을을 돌아다니다 향교 건물에 도착했다. 향교는 지방의 학교다.

"여기가 향교인가 봐."

학생들이 다 돌아갔는지 아무도 없었다. 향교의 문 맞은편에 커다란 느티나무와 정자가 있었다. 우치가 꼽살이를 잡아끌었다.

"저기 좀 앉아 있자. 아직 해가 안 졌는데 여긴 나무 때문인지 컴컴하네? 으슥한 것이 어쩐지 그림자를 만날 것 같기도 해."

말이 떨어지기 무섭게 저 멀리 뭔가가 쓱 지나갔다. 우치와 꼽살이가 쫓아가자 그림자가 향교 담장 밑에서 멈췄다. 주변이 너무 컴컴해서 얼굴을 알아보기 힘들었다. 우치와 꼽살이는 살짝 겁이 나 서로의 손을 잡고 발을 내디뎠다. 그때 뒤에서 발소리가 들리더니 누군가 두 아이를 불렀다.

"얘, 얘들아. 너희 한양서 온 애들이지?"

강 대감 댁에서 본 소녀인 듯했다. 소녀의 말소리가 들리자 담장 밑 그림자가 순식간에 사라졌다. 우치는 그림자를 쫓으려다 말고 멈춰 섰다. 그림자를 쫓으면 소녀가 분명히 따라올 것 같았기 때문이다. 우치가 불퉁거렸다.

"맞아. 그런데 왜?"

소녀가 답하기도 전에 꼽살이가 끼어들었다.

"어? 누군가 했네. 아가씨는 아까 강 대감 댁에서 봤던 이상한 분 아닌가요?"

"이상한?"

이현은 두 아이를 향해 눈을 치켜떴다. 꼽살이는 기가 눌려 변명을 했다.

"아, 아니 이상하다는 게 진짜 이상하다는 게 아니고……."

"애 말은 그냥 흘려 들어. 누가 이현이는 예외라고 하더라고."

우치가 끼어들자 이현은 잠시 생각을 하더니 보다 부드러워진 목소리로 말했다.

"아, 민 교리가 그러셨구나. 예전에는 안 그랬는데 갈수록 여자는 이래야 한다, 저래야 한다, 하도 그래서 내가 일부러 거꾸로 하거든. 그러니까 할아버지가 자꾸 나보고 이상한 애라고 하는데 민 교리가 그걸 듣고 그러셔."

"그러게. 아녀자는 남자들과 섞여 지내면 안 된다는데 넌 아무렇지 않게 여기저기 돌아다니고, 우릴 처음 보는 데도 맨날 같이 놀던 친구 대하듯 하는구나."

"그게 뭐. 여자는 뭘 그렇게 하면 안 되는 게 많은 게 이해가 안 돼. 우리 어머니가 말씀하셨는데 고려 때는 여자도 똑같이 목소리를 냈어. 그런데 조선으로 바뀌고 나서 여자는 남자와 달라서 밖으로 돌아다녀서도, 큰 소리를 내서도 안 되고, 무엇보다 같은 대접을 받을 수 없다는 거야. 그게 말이 돼?"

우치는 이해가 안 되어 물었다.

"그건 유교에서 강조하는 것일 뿐이고 꼭 따라야 하는 법은 아니잖아?"

"뭐, 아직은 그래. 일반 백성들은 고려 때와 달라진 점을 거의 느끼지 못할 거야. 하지만 우리 할아버지처럼 유교를 철저히 지키는 양반이라면 달라. 무조건 공자, 맹자, 주자가 말씀하신 대로 따라야 한다고 여기고 있지. 내가 첫 희생양이지만 앞으로 조선 땅에 사는 많은 여자가 그렇게 될 거야."

우치는 언젠가 민 교리가 베껴 쓰라고 한 글이 생각났다. 조정에서 한 신하가 임금에게 건의한 내용이었다.

옛날에는 여자가 이미 시집을 간 경우에는 부모가 죽어도 친정에 가질 않았으니 그 근엄함이 분명했습니다. 고려의 풍속이 어지러워 사대부의 아내들이 권세 있는 집안에 찾아가 보면서도 부끄럽게 여기지 않으니, 배운 사람은 이를 수치스럽게 여깁니다. 원컨대, 지금부터 문무 양반의 부녀자들은 부모·친형제·친자매·친백부·친숙부·친외숙·친이모를 제외하고는 서로 왕래하지 못하게 하여 풍속을 바로잡으소서.

-대사헌 남재 올림

우치는 기록을 말해 주면 이현이 더 화를 낼 것 같아 입 밖으로 꺼내지 않기로 했다. 대신 말을 돌렸다.

"그나저나 우릴 왜 불러 세웠어?"

"너희? 아, 거긴 들어가지 말라고. 우리 고을 사람도 아닌데 괜히 향교 안을 어슬렁거리면 관리인한테 혼날지도 몰라."

우치는 그제야 고개를 끄덕이고 발길을 돌렸다. 이현을 떼어 내고 다른 곳으로 가야 했다.

'그림자가 어디 있을까? 어디 나타날까?'

이현이 속도 모르고 쫓아오며 물어왔다.

"근데 넌 이름이 뭐니? 한참을 이야기하고도 이름을 안 물어봤네."

"난 우치, 왕 아니 전……우치. 그런데 너 할 일 없냐? 우리끼리 돌아다니게 두면 안 될까?"

"무슨 소리! 우리 집에 온 손님인데 내가 안내해야지. 어디 가고 싶은데?"

"어, 어디? 음, 이 마을은 시장 없지? 쌍화점의 쌍화를 먹고 싶은데."

엉겁결에 엉뚱한 소리가 나왔다. 시골 사는 이현이 코를 눌러 주고 싶어 일부러 구하기 힘든 것을 대기도 했다. 하지만 이현이 입에서 의외의 답이 돌아왔다.

"쌍화점? 만두 가게 말이야? 이제 없어. 개경에서는 몽골인지 대식국인지 하는 곳에서 온 상인이 쌍화를 팔았다는 말은 나도 들었어. 그건 고려 때 개경에나 있던 거지. 이젠 그런 노래도 부르면 안 돼."

"노래?"

"쌍화점이란 노래 있잖아. 쌍화점에 갔더니 쌍화 파는 회회아비가 손목 잡았다고. 그런 망칙한 노래는 체통을 지켜야 하는 조선에서는 절대 안 되지. 하긴 이젠 남아 있는 고려 노래가 없지. 노래는 이제 양반들 차지야."

"시조 말이야?"

이현이 고개를 끄덕였다. 우치는 맨날 충효가 어쩌고저쩌고 하는 시조를 생각하니 한숨이 나왔다. 조선은 재미가 없어도 너무 재미없었다. 산속에서 할아버지와 단둘이 살아서 새삼 재미가 있는지 없는지 어찌 아냐고 꼽살이가 묻곤 했지만 모르는 말씀. 할아버지께 날마다 개경에서 살아온 이야기를 듣곤 해서 산에서 내려가기만 하면 할 일들을 잔뜩 벼르고 있었다. 팔관회나 연등회처럼 개경과 서경에서 춤추고 노래하는 것과 극을 구경할 참이었다. 단오나 추석 때는 산과 들에서 여러 놀이를 한다고 해서 그것도 기대했다. 그런데 조선은 불교는 철저하게 눌러야 하니 불교 축제인 팔관회나 연등회는 안 될 말이다.

"조선은 어떻게 된 게 그릇이나 도자기도 소박하고 단순해서 화려한 맛은 별로 없어 보여. 어쩐지 사람들도 그런 것 같단 말이야."

"이것 역시 유교 때문이야. 군자라면 화려한 것을 즐겨도 안 되고 사치스러워도 안 되거든. 당연히 귀족적인 고려 문화와는 완전히 다를 수밖에."

우치는 결국 다른 곳을 둘러보지 못하고 강 대감 댁으로 돌아가기로 했다.

강 대감 댁에 다다르자 이현이가 우치와 꼽살이를 이끌었다. 사람들이 붐비는 사랑채를 거치지 않기 위해 뒷문 쪽으로 돌아갔다. 집이 어찌나 큰지 한참 걸렸다. 집안 어디에서도 사람들 소리가 들리지 않자 이현은 잠시 기다리라고 한 뒤 자리를 떴다.

꼽살이가 갑자기 우치를 콕 찔렀다.

"도련님, 저기 봐요. 저기!"

꼽살이가 가리키는 곳을 보니 그림자 하나가 서 있다 쓱 사라졌다. 마치 따라오라는 것 같기도 했다.

'대체 누구지?'

그림자도 분위기가 있다. 서 있다가 사라지고 다시 주변을 어슬렁거리는 걸 보면 분명 해를 끼칠 것 같지 않았다. 우치는 그림자를 만나 보기로 했다. 막 따라가려는데 이현이 나타났다.

"왜인들은 모두 관아 객사에 머물라고 했대. 민 교리는 거기 계실 거야."

"그래? 근데 저긴 어디야? 사람들이 오가는 게 보이는데."

"저기? 저긴 사당이야. 내일 있을 제사를 준비하는 사람들이 오가는 거지."

꼽살이가 끼어들며 물었다.

"사당은 아무나 갈 수 없죠? 우리가 가서 구경하면 큰일 나나요?"

"왜, 구경하고 싶어? 민 교리 댁에도 사당이 있지 않아? 아, 고향집에 있겠구나. 구경하고 싶으면 해. 대신 들키지 않게 조심해야 해. 날 따라 이쪽으로 와."

우치와 꼽살이는 이현을 따라 뒷마당으로 들어섰다. 사당을 향해 올라가는데 누군가 뛰어와 숨을 헉헉대며 말했다.

"애기씨, 여기 계셨네요. 한참 찾았지 뭐예요. 작은 마님이 찾으세요. 빨리 가셔요."

이현의 몸종이었다. 이현이 작게 한숨을 쉬고는 우치를 돌아보며 다시 당부했다.

"저 문을 나가서 길을 따라 올라가면 또 문이 나올 거야. 문 두어 개를 더 지나면 집 가장 뒤의 가장 높은 곳에 사당이 있어. 들어갈 때 너무 쭈뼛거리지 마. 외부 사람인 게 금방 들통날 거야."

"사당이 그렇게 신성한 곳이야?"

"유교, 그중에서도 성리학의 이념이 뭐야. 임금에게 충성하고 조상에게 효를 다하는 것이 최고로 중요하고 꼭 따라야 하잖아. 그런 의미에서 조상에게 제사를 지내 효를 실천하는 사당은 가장 소중한 곳이지. 잠시 다녀올 테니까 그동안 구경하고 와."

말을 마치고 이현이가 샐쭉한 표정을 지었다. 우치가 물었다.

"그럼 이따 사당으로 올 거야?"

"어차피 사당에는 여자들이 가선 안 되니까 이따가 여기서 보자."

우치는 고개를 끄덕이며 다짐했다.

"알았어. 눈에 안 띄게 조심할게."

이현이를 보내고 본격적으로 사당으로 향했다. 대문 안에 들어서서도 건물이 워낙 여러 채라 문도 많았다. 문 여러 개를 거쳐 사당으로 가기 위해 통과해야 하는 마지막 문 앞에 섰다. 청소를 끝냈는지 작은 대화 소리만 흘러나왔다. 문에 막 들어서는데 갑자기 작은 사내아이가 막아섰다. 우치보다 서너 살은 어려 보였다.

"누군데 함부로 들어가려고 그래? 가문의 사당은 신성한 곳이라고."

남자아이의 얼굴은 무척 거만했다. 우치는 시끄럽게 굴었다가 사람들이 나올테니 달래기로 했다.

"사당 구경 좀 해 보려고. 좀 봐줘."

"처음 본 녀석이 감히 어딜 가려고?"

"어린놈이 말이 험하구나. 저기 드나드는 하인들도 있는데 우리가 못 들어갈 거는 무어냐. 잠시 들어가 보기만 할 거다."

"저 하인들은 일하러 오가는 노비들이고 정해진 곳만 간단 말이야. 집안 사람들도 아닌 자들은 잠시고 오래고 들어갈 수 없으니까 당장 사라져!"

아이는 괜히 어깃장을 부리는 것 같았다. 우치가 한발 다가서자 문을 닫으려 하며 눈을 부라렸다. 꼽살이가 얼른 문을 잡았다.

"잠시만 보게 해 주세요. 아무도 눈치 못 채게 보고 나올게요."

아이는 콧방귀를 끼며 무시했다. 문을 닫으려다 꼽살이의 힘을 이기지 못하자 발길질을 했다. 우치가 붙잡자 우치에게도 발길질을 서슴지 않았다.

"아악! 잠시, 잠시만!"

뒤에서 이현이 나타났다.

"못된 놈. 안 보여 주면 됐지 발길질은 왜 하고 그래?"

"엉? 아니 아녀자가 이 밤에 사당에 왜 왔어? 가서 이른다!"

이현이 화가 나 아이의 어깨를 붙잡았다. 아이는 이현의 손을 뿌리치고는 벌컥 밀어뜨렸다. 꼽살이가 놀라 아이를 붙잡았고 아이가 발버둥치다 뒤로 넘어졌다.

"아악!"

황급히 아이를 일으키는데 아이의 목 뒤로 피가 흐르는 게 보였다. 넘어지며 돌에 찧은 모양이다. 아이는 피를 보고 놀라 펑펑 울며 소리를 질렀다. 아이의 울음소리를 듣고 안에서 사람들이 쏟아져 나왔다. 어른들 역시 피를 보고 눈이 동그래지며 아이를 둘러쌌다. 벌써 화를 내는 사람도 있었다. 우치는 쭈뼛거리며 뒤로 숨었다. 왕씨라 어떤 순간에도 불리했다. 아이가 꼽살이를 가리키며 소리쳤다.

"저 노비 놈이 나를 쳤어요!"

다들 경기를 일으키는 듯 부르르 떨었다. 한 노인이 지팡이를 구르며 소리쳤다.

"아니 강상의 도가 있는 이 성리학의 땅에서 감히 노비 놈이 양반을 쳐? 강상죄는 사형에 해당하니 당장 저놈을 관아로 이송해라."

사형이란 말에 꼽살이가 무릎을 꿇었다. 금방이라도 울 것 같았다. 강상죄란 아랫사람이 윗사람에게 잘못하는 것이다. 민 교리가 말한 것을 들어는 봤지만, 이 정도로 야단일줄 꿈에도 생각 못 했다. 노비가 양반을 좀 밀었기로서니 죽을죄라니. 고려 때는 권세가 노비들은 평범한 양반이나 평민보다 더

유세를 부렸고, 한때는 노비들이 반란도 일으켰는데 조선에서는 상상도 할 수 없는 일이구나 싶었다. 우치는 나서지도 못하고 발만 굴렸다. 꼽살이의 눈에서 눈물이 뚝뚝 떨어졌다. 이현이 참다못해 나섰다.

"제가 한 말씀 올리겠습니다. 이 아이가 먼저 저를 밀쳤습니다. 보십시오. 손이 까졌습니다. 이 노비는 저를 지켜주려 아이를 막아섰고 이 아이가 발버둥치다 저 혼자 넘어졌을 뿐입니다.

"노비 놈이 감히 양반 몸에 손을 댄 것부터 잘못이지. 혼자 넘어졌든 아니든. 찬물도 위아래가 있고, 버젓이 강상의 도가 있거늘."

"저 아이는 제 조카뻘입니다. 조카가 고모를 밀다니요? 이것은 강상의 도에 맞는 것입니까? 강상의 도가 진정 있다면 저 아이는 그럼 어떻게 처리해야 할까요?"

이현의 말에 모두가 입을 다물었다. 노비가 양반을 거스를 수 없는 것처럼 조카나 자식도 윗사람을 거스르면 큰일나는 것이 성리학에서 강조하는 강상의 도다. 말문이 막힌 사람들이 멈칫하더니 어깃장을 놓았다.

"아니, 감히 남자들 하는 일에 어디 어리디어린 아녀자가 나서는 게야. 조카가 고모를 미는 것과 노비 놈이 상전을 때리는 것은 하늘과 땅 차이거늘! 지금 관아가 복잡하니 이놈을 일단 광에 가두어 놓아라. 왜나라 손님이 떠나거든 그때 조치를 취하기로 하겠다."

집안 어른으로 보이는 남자가 호통을 치고는 몸을 돌려 들어가 버렸다. 남은 사람들도 혀를 차며 이현이를 노려보더니 하나씩 돌아 들어갔다. 강상죄는 사형이라는 소리에 놀라 우치는 이러지도 저러지도 못하고 발만 동동거렸다.

이현은 밤에 돌아다닌 죄로 할머니에게 불려 갔다. 제사 준비가 끝났는지 사람들이 모두 돌아가서 사랑채에서 멀리 떨어진 사당은 언제 그랬냐는 듯 고요해졌다. 우치는 기회를 보다 꼽살이를 구하기 위해 다시 사당 쪽으로 가 보기로 했다. 꼽살이가 사당 건물 옆 따로 떨어진 광에 갇혀 있기 때문이다.

'아까 보니 지키는 사람 없이 문만 잠갔어. 얼른 꼽살이를 구해 내서 섬이나 산속으로 도망치면 되지 뭐. 이제 민 교리 집을 떠날 때도 됐어. 여태 왕씨라고 쫓겨 다니며 불안했는데 죄목 하나 추가된다고 뭐 얼마나 달라지겠어…….'

이번에는 작은 문을 무사통과했다. 사당 건물로 다가서는데 뒤편에서 이상한 소리가 들렸다. 남자들 몇몇이 사당 건물 주변으로 짚을 던지고 거기에 불을 붙이고 있었다. 불을 놓던 남자들 중 두 명은 눈에 익었다. 추왕단 무리였다. 이들은 나무와 짚에 불을 붙이더니 주변을 살피고는 사당 마루 아래로 던져 넣었다. 우치는 이것저것 잴 겨를도 없이 소리를 질렀다. 꼽살이가 갇힌 광에 불이 붙을지 모른다고 생각하자 아득해져서 소리가 더 크게 터져 나왔다.

"불이야!"

우치는 소리를 고래고래 지르며 뛰어다녔다. 추왕단 무리는 당황해서 들고 있던 나무토막과 짚들을 던지고 우치를 잡으러 달려왔다. 우치는 잽싸게 피하며 잡힐 듯 말 듯 시간을 끌었다. 추왕단은 포기하고 도망치고 우치는 저고리를 벗어 흙을 퍼다가 마루 밑 불길에 던져 넣었다. 짚더미에서 연기가 피어올라 숨쉬기도 힘들었다.

"콜록, 콜록!"

멀리서 사람들의 다급한 발소리가 들렸다.

◆ 우치가 알아낸 정보

고려와 조선은 사는 모습도 달라요

유교는 생각보다 조선 사람들의 생활 구석구석에 영향을 미치고 있어요. 불교를 억압하고 농업 중심의 사회를 이루는 것 말고도 일상생활에 깊숙이 관여하고 있더라고요. 유교에서 가장 기본이 되는 원리는 위아래 질서래요.

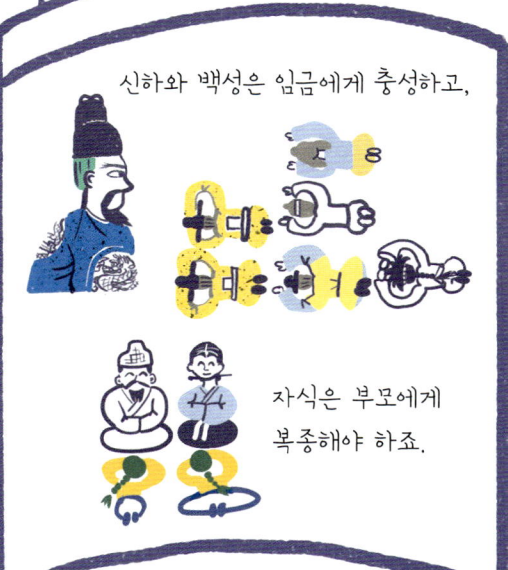

신하와 백성은 임금에게 충성하고, 자식은 부모에게 복종해야 하죠.

조선의 신분 질서는 더 엄격해요. 크게 양인과 천민으로 나뉘며 양인은 농민, 상인, 수공업자 등의 상민과 양반이 있지요. 모든 천민은 양인을 거스를 수 없고, 양인 중에서도 상민은 양반을 거스를 수 없어요. 천민의 대부분인 노비는 주인에게 무조건 복종해야 해요.

이런 질서를 어기는 것을 강상죄라고 해요. 같은 죄를 저질러도 강상죄에 해당하면 더 큰 벌을 받는대요. 보통 매 한두 대로 끝날 벌이 사형까지도 간다나 봐요. 또 억울한 일이 있어도 자식은 부모를, 노비는 주인을 고소할 수 없으며, 윗사람이 잘못을 저질러도 아랫사람이 강상죄로 큰 벌을 받기도 한대요. 저도 강상죄를 지지 않으려면 할아버지 말씀을 잘 들어야겠어요.

조선은 제사 지내는 일을 매우 중요하게 생각해요. 그러니 가장 중요하게 생각하는 곳은 조상의 신주를 모시는 사당이죠. 한양에서는 역대 왕들을 위해 왕실 사당인 종묘에서 제사를 지내요. 각 고을에서는 향교나 마을 근처 사당에서 양반들이 하루하루 나라를 위한 제사, 고을을 위한 제사, 집안을 위한 제사를 지내요. 고려 시대에 연등회니 팔관회니 하는 불교 행사를 열고, 자주 절에 다니며 부처에게 소망을 빌었던 것과 비슷하지요.

연등회 하니까 생각나는 게 또 있어요. 바로 예술과 문화예요. 조선에 연등회 같은 큰 불교 행사는 없어요. 단오와 같은 명절을 챙기고 주로 농사와 관련된 놀이를 하지요. 예술에서도 고려와 조선은 달라요. 도자기만 두고 봐도 고려 청자는 화려하고 귀족적인 반면 조선의 자기는 소박하고 단아한 모습을 하고 있어요. 조선은 고려처럼 사치품도 발달하지 않았고요. 소박하고 담백한 군자의 도를 강조하는 유교 때문이래요.

고려에서는 불교가 생활 구석구석에 영향을 미쳤지만 조선에서는 유교가 그 자리를 대신하네요.

9장
조선 사람 전우치

 정신을 차려 보니 작은 방안이었다. 남자종 하나가 물을 들고 들어오다 우치가 깨어난 것을 보고 소리를 질렀다.
 "깨어났어요!"
 민 교리와 이현이 얼굴을 내밀더니 방안으로 뛰어 들어왔다. 우치는 벌떡 일어나 앉았다. 민 교리가 걱정스러운 얼굴로 물었다.
 "불을 끄느라 연기를 너무 마셔서 기절했다. 만 하루가 지나도 깨어나지 않아 걱정했다. 괜찮으냐?"
 "무뢰배들은요?"
 "도망치려던 것을 모두 붙잡았다. 한양 관아로 보내 나머지 무뢰배들과 그 배후까지 몽땅 잡아냈다. 이번엔 빠져나오지 못할 거야."
 "할아버지가 그러시길 네가 우리 집안의 은인이래. 사당을 지켜 줬으니까. 게다가 그놈들은 사당에 불을 지르고 사람들이 그리로 몰리면 그 틈에 안채와 사랑채에도 불을 놓으려고 했대."

이현이 설명했다. 우치는 연기를 너무 마신 탓인지 자꾸 기침이 나왔다. 우치가 기침을 누르고 넌지시 물었다.

"사당은 안 탔어? 꼽살이는?"

"꼽살이는 할아버지가 풀어 주셨어. 사당도 마루만 조금 상하고 아무 일 없었고. 다 네 덕이지."

이현은 죽을 가져오겠다며 밖으로 나갔다. 민 교리가 우치 손을 잡고 차분하게 설명했다.

"강 대감께서는 이 만호네 땅 사건을 정리하면서 무뢰배들의 배후가 황정랑이라는 것을 밝혀내셨다. 해서 그 집안과 척을 지게 되었지. 그들은 왜인들이 강 대감 댁에 머무는 줄 알고 집에 불을 질러 왜인들이 다치게 한 후 강 대감이 한 것으로 책임을 몰아가려 한 모양이야."

추왕단은 강 대감에게 복수하러 온 것이다. 놈들의 음모에 괜히 꼽살이만 큰일 날 뻔했다. 민 교리가 우치의 표정을 살피더니 말을 이었다.

"사실 난 네가 누군지 안다. 진즉에 개경에 사람을 보내 알아봤지. 나에게 정체를 감추려고 애쓸 필요는 없다."

우치는 그동안 자신의 정체를 숨긴 것이 미안해졌다. 차마 입을 열지 못하고 있는 우치의 머리를 민 교리가 쓸어 주며 말을 이었다.

"어젯밤 알 수 없는 그림자 하나가 자꾸 이 방 바깥을 어슬렁거리더라. 꼽살이가 말하길 계속 나타났다고 하더구나. 해서 내가 호위무사를 시켜 작정하고 그 그림자를 붙잡았다. 그 그림자는……."

"그림자를 붙잡았다고요? 누, 누구였어요?"

"네 할아버지였다."

할아버지란 말에 놀라 소리도 내지 못하고 눈만 끔뻑거렸다.

"마침 잘 되었다 싶었다. 강 대감이 너에게 보답을 하고 싶다기에 내가 궁리해 봤다. 너와 네 할아버지가 살 길을 터주는 방법을 말이다. 몸을 추스리거든 묵적골이란 곳으로 가 봐라. 거기서 전문생이란 사람을 찾으면 할아버지를 만날 수 있을 거야."

우치는 튕기듯 자리에서 일어났다. 갑자기 몸이 다 나은 것 같았다. 민 교리가 말리지 않았다면 바로 출발했을 것이다. 하지만 이현이 호들갑을 떨며 치료해야 한다고 해서 어쩔 수 없이 열흘이란 시간을 보냈다. 우치는 할아버지만 보고 돌아오겠다고 하고 꼽살이와 출발했다. 묵적골은 그리 먼 곳이 아니었는데도 우치에게는 한없이 멀게 느껴졌다. 할아버지를 만날 수 있다는 생각에 마음만 급했다. 마을 공터에 발을 딛자마자 주변을 둘러보았다.

"여기인가 봐!"

우치는 급한 마음에 지나가는 사람을 붙잡았다. 혹시 전문생이라는 사람을 아냐고 물었더니 한참 뒤 관아 이방을 찾아가라는 답이 돌아왔다.

'이방?'

이방이라면 지방 관아에서 일하는 사람이다. 이방에게 가보라는 사람을 보니 어쩐지 꿍꿍이가 있어 보였다. 곁에서 고개를 끄덕이는 사람의 표정도 의심스러웠다. 드디어 걸렸다고 생각하는 것 같았다.

'민 교리가 나를 속일 사람은 아니고 여기에 오자마자 왕씨인 것을 들켰나? 아니야. 그랬다면 벌써 민 교리가 알려 주었을 텐데 어떻게 된 거지?'

꼽살이도 뭔가 이상한 기운을 느꼈는지 우치의 옷자락 잡아당겼다. 둘은 급하게 자리를 떴다. 이방에게 가 보라는 사람이 저 멀리 누군가를 가리키더니 손짓을 해 가며 불렀다.

'우리를 잡으라는 거다. 함정이구나. 나를 잡으려고 기다리고 있었어.'

우치는 꽁지가 빠지도록 달렸다. 꼽살이가 우치를 제치며 쌩하니 뛰어갔다.

"아니 왕씨는 난데 왜 자기가 저렇게 열심히 뛰지?"

어처구니가 없었지만 입씨름할 때가 아니었다. 죽어라 도망치는데 멀리서 사람이 쫓아왔다. 도포 입은 남자와 검은 옷을 입은 관졸들이었다. 우치는 앞이 깜깜해졌다.

'어떻게 버텼는데 이렇게 잡히고 마는 건가……'

할아버지를 만난다며 잔뜩 기대하고 왔는데 함정에 걸려들었다니 허탈해졌다. 갑자기 다리에 힘이 풀리면서 돌부리 걸려 넘어지고 말았다.

"에고고, 벌러덩."

관졸이 그 새 쫓아와 우치를 붙잡았다. 저만치서 꼽살이도 붙잡혀 왔다. 그런데 이상하게 거칠게 옥죄는 게 아니라 우치를 일으켜 흙먼지를 털어 주고 어깨를 붙잡아 살살 이끌었다. 하얀 도포를 입은 사람 쪽으로 향했다. 우치는 도포를 입은 사람과 눈이 마주쳤다. 저도 모르게 입을 쩍 벌리고 외마디 비명이 나왔다.

"허억! 할아…버지."

할아버지가 눈물이 그렁그렁한 눈으로 바라보고 있었다. 주변 관졸들의

눈치를 보더니 우치에게 한쪽으로 가 있으라고 손짓을 했다. 우치는 얼른 할아버지가 가리킨 큰 나무 밑으로 갔다. 할아버지가 관졸들을 보내고는 나무 쪽으로 달려와 우치를 끌어안았다. 우치는 할아버지를 안고 한참이나 울었고, 꼽살이도 덩달아 훌쩍였다. 우치가 울음을 그치고 물었다.

"어떻게 된 거예요?"

"어떻게 되긴. 나는 유배 중에 도망친 후로 너를 쫓아갔다. 아직 자리를 잡지 못한 터라 네 주변에 맴돌며 잘 지내는지만 지켜보았지. 보아하니 무뢰배 놈들과 자꾸 얽히더구나. 그러다 네가 강 대감 집에서 다친 것을 보았단다. 네가 걱정이 되어 방심하다 민 교리에게 붙잡혔고."

"아, 그 그림자가 할아버지였어요? 혹시 할아버지가 아닐까 생각했는데 자꾸 사라져서 긴가민가했어요. 할아버지랑 저까지 엮어 붙잡으러 온 사람이 아닐까 하고요."

할아버지가 인자한 웃음을 지으며 우치의 손을 쓸어 주었다.

"추왕단은 설레발만 떨었지 왕씨를 쫓는 것보단 황 정랑의 끄나풀이 되어 나쁜 짓만 저지르더구나. 놈들이 날 잡으려고 기를 쓰지 않은 덕에 나는 쉽게 몸을 숨길 수 있었다. 민 교리에게 붙잡혔을 때는 이제 끝이구나 싶었는데 아니었다. 우리 사정을 미리 알고 있더구나."

우치는 고개를 끄덕이고 민 교리가 개경에 사람을 보내 미리 알아냈다고 알려 주었다. 꼽살이가 코를 닦고 말했다.

"그래서 민 교리가 조치해서 주인 나리가 여기 와 계신 거군요."

"강 대감과 민 교리가 호적을 만들어 주었다. 나라가 바뀐 지 얼마 안 되어서 아직도 호적을 정리 중이더구나. 마침 이 마을에 새로 현감이 부임하게 되었는데 그분을 따라 이방으로 와서 일하게 해주었단다."

"이방이요? 관아의 아전을 아무나 할 수 있어요?"

"고려 때는 지방 아전 자리를 지방 권세가들이 맡아서 했지만 조선에서는 그저 수령을 돕는 말단 행정 일꾼일 뿐이다. 글을 알고 수완이 있으면 할 수 있지."

우치는 조선에 완전히 정착해 지낼 수 있고 먹고살 직업도 생겨 안심이 되었다. 할아버지는 따라오라고 손짓을 했다.

"지금 집집마다 땅이 얼마나 있고, 가족은 몇 명인지, 이번에 얼마나 수확을 했는지 조사 중이다. 이 나라는 조사할 게 너무 많다. 세금이건 부역이건 골고루 철저하게 매기려는 뜻이지. 지방마다 특산물도 얼마나 조사를 해 대는지. 곧 책을 만들 거라고 하더구나."

할아버지를 따라가며 마을을 둘러보았다. 드문드문 오가는 사람들의 때깔이 좋았다. 꼽살이는 사람들이 많이 오가는 곳에서 사라졌다가 한참 만에 나타나 보고했다.

"알고 보니까 여기가 생강소였더요. 이 마을이 소였던 시절에는 조정에 바치는 생강을 끊임없이 생산해야 해서 엄청 힘들게 살았는데 이젠 편해졌다고 좋다고 하는 사람들이 많아요."

"그새 그걸 알아 왔어? 근데 소라면 특수 마을 말이야?"

"맞아요. 이곳 사람들은 양인이지만 천민 취급을 받았죠. 제가 노비 신세를 한탄하면 어무이가 소에 사는 사람보다 낫다고 했어요. 이사를 할 수 있나, 도망갈 수 있나. 정해진 양을 만들어 내지 않으면 큰일이 났대요."

"맞다. 고려 때는 향, 소, 부곡이라는 특수 마을이 있었지. 그중 소는 금, 은, 생강, 도자기 같은 특산품만 생산해 내야 하는 마을이야. 금소 든 생강소든 죽어라 일만하고 먹고살기는 힘들었지. 조선은 그 특수 마을을 다 없앴단다."

할아버지 설명에 우치가 사람들을 보며 감탄하듯 말했다.

"정말 엄청 편해졌겠어요. 사람들의 옷차림과 얼굴도 좋아 보여요."

"그건 향소가 없어져서 그런 게 아니라 특별한 옷감이 생겨서 그렇다. 고려 말에 문익점 선생이 가져온 목화씨를 키웠는데 실패를 거듭하다 결국 성공해 면포를 짤 수 있게 되었지. 지금은 어느 집이나 그걸 짠다. 예전의 베옷은 겹쳐 입어도 살이 에였는데 이제 목화솜을 넣은 무명옷을 입으면 겨울바람도 무섭지 않지."

사람들 사는 수준이 완전히 달라졌다는 소리다. 한양 한가운데 살 때는 잘사는 사람들이 많은 곳이라 그러려니 했는데 시골로 와 보니 확실히 달랐다. 꼽살이가 어깨를 치며 물었다.

"저는 진즉에 알았습니다. 사람들 옷이 비단도 아닌 것이 베옷도 아닌 것이 다르더라고요. 제가 입은 것도 무명옷이잖아요. 이제 겨울도 걱정 없다고 생각하던 차였다고요. 저번에 사람들이 그랬어요. 이밥이라 먹을 것 좋아지고, 무명이라 입을 것 좋아지고, 온돌도 집집마다 깔아서 사는 곳도 좋아졌다고요."

의, 식, 주가 좋아졌다니 다행이다 싶었다. 우치는 어제 민 교리 서재에 떨어져 있는 문서가 생각났다.

> 문익점이 사신으로 원나라에 갔다가, 돌아오려고 할 때에 길가의 목면(나무)를 보고 그 씨 10여 개를 따서 주머니에 넣어 가져왔다. 갑진년에 진주에 도착하여 그 씨 반을 정천익에게 이를 심어 기르게 하였더니, 다만 한 개만이 살게 되었다. 천익이 가을이 되어 씨를 따니 백여 개나 되었다. 해마다 더 심어서 정미년 봄에 이르러서는 그 종자를 나누어 고을에 주면서 권장하여 심어 기르게 하였다.
> 우연히 중국 사람 홍원을 만나 머물게 하고 며칠 동안을 대접한 후에 이내 실 뽑고 베 짜는 기술을 물으니, 홍원이 그 상세한 것을 자세히 말하여 주고 또 기구까지 만들어 주었다. 천익이 그 집 여종에게 가르쳐서 베를 짜서 1필을 만드니, 이웃 마을에서 전하여 서로 배워 알아서 한 고을에 보급되고, 10년이 되지 않아서 나라 전체에 보급되었다.
>
> -계묘년 6월 13일

조선의 문이 열리고 백성들의 삶이 대체로 좋아졌다는 것을 인정해야 하는 순간이 왔다. 이제 고려로 돌아가겠다는 사람이 거의 없는 것을 눈으로 직접 봤으니까. 할아버지가 눈치를 채고 우치의 머리를 쓰다듬었다.

"이제 우리도 인정하고 살아야 한다. 태조 왕건의 고려가 썩어가는 신라보다 좋아졌듯 이성계의 조선도 고려보다 살기 좋아진 건 사실이거든."

우치도 그동안 보고 들은 것을 기록하며 알아챘던 것이었다. 할아버지가 이어 설명했다.

"조선은 학문이 중요한 나라다. 깊은 학문이 곧 인격을 말하는 것이고 모든 체통과 인덕이 학문에서 나오지. 지금 공부 좀 했다는 사람들은 너도나도 책을 써내고 있다. 인쇄술도 발달해서 더 열심이지. 너도 학문의 길로 들어설 때다. 네 정보를 모아 책을 써 보도록 해라."

"도련님이 책을요? 요즘은 혼자 지내지 않아선지 '멈칫, 절레절레' 이런 소리를 자주 내지는 않긴 해요. 정상으로 돌아왔다고는 해도 책은 무리가……."

꼽살이 말에 우치가 샐쭉해져서 맞받아쳤다.

"내가 또 한다면 한다고. 덜렁대고 까불긴 해도 앞뒤 맞춰 생각하고 따지는 건 또 잘하잖아. 책을 쓰는데 아주 유리하단 말씀."

꼽살이는 영 못 믿겠다는 표정을 지었다. 할아버지가 웃으며 날이 저물기 전에 돌아가 민 교리에게 인사를 하고 짐을 챙겨 돌아오자고 했다.

민 교리 집에 돌아갈 때는 할아버지와 함께했다. 할아버지는 민 교리의 손을 붙들고 은혜를 입었다며 연신 인사를 했다. 민 교리는 할아버지를 찾아서 축하한다고만 할 뿐 더 묻지 않았다. 대신 자기 집에서 문서 정리하는 일도 돕고 공부를 하라는 말을 넌지시 건넸다. 할아버지는 한참 고민을 하더니 허락했다.

우치가 즐겁게 지냈던 것 같기도 하고 민 교리가 우치에게 도움이 되겠다고 생각한 것이다. 할아버지는 이제 안심이 된다며 시간 나는 대로 우치를 보러 오기로 하고 묵적골로 갔다. 우치는 그날부터 민 교리 일을 더 열심히 돕고, 오래된 방문들도 보이는 대로 모았다. 처음과는 영 다른 방향이지만 꼭 써야 하는 것이 생겼기 때문이다. 앞으로도 10년 이상을 더 알아내 조선이 고려와 어떻게 달라졌는지를 주제로 쓸 것이다. 이 책은 조선 사람 전우치로 쓰는 것이 될 터였다.

좌충우돌 고려 사람 조선 적응기
조선의 문을 열어라

1판 1쇄 2020년 5월 23일

글 | 손주현
그림 | 이해정

펴낸이 | 류종필
편집 | 장이린, 설예지
디자인 | Studio Marzan 김성미
마케팅 | 김연일, 김유리

펴낸곳 | (주)도서출판 책과함께
주소 | 서울시 마포구 동교로 70 소와소빌딩 2층
전화 | 02-335-1982 팩스 | 02-335-1316
전자우편 | prpub@hanmail.net
블로그 | blog.naver.com/prpub
등록 | 2003년 4월 3일 제25100-2003-392호

이 책의 저작권은 지은이 손주현과 그린이 이해정 그리고 도서출판 책과함께에 있습니다.
이 책의 내용을 이용하려면 저작권자와 출판사에게 모두 서면동의를 받아야 합니다.
잘못된 책은 구입하신 서점에서 바꾸어 드립니다.

이 도서의 국립중앙도서관 출판시 도서목록(CIP)은 서지정보유통지원시스템 홈페이지(http://seoji.go.kr)와
국가자료공동목록시스템(http://www.nl.go.kr/kolisnet)에서 이용하실 수 있습니다.
(CIP제어번호: CIP2020014648)

ISBN 979-11-88990-70-2 73910